Trauerpsychologie

Lehrbuch

Thomas Schnelzer

Trauerpsychologie

Lehrbuch

Fachverlag des deutschen Bestattungsgewerbes GmbH

Impressum

Thomas Schnelzer: Lehrbuch Trauerpsychologie

4. Auflage 2024
Fachverlag des deutschen Bestattungsgewerbes GmbH, Düsseldorf
ISBN 978-3-936057-84-3

Umschlagfoto: © v.l.n.r.: iStockphoto.com / Juanmonino | iStockphoto.com / Rafa Jodar, iStockphoto.com / Chinnapong | iStockphoto.com / Sakorn Sukkasemsakorn

Verlag:

Fachverlag des deutschen Bestattungsgewerbes GmbH
Cecilienallee 5, 40474 Düsseldorf
Tel.: +49 211 / 16 00 8-15
Fax: +49 211 / 16 00 8-50
E-Mail: fachverlag@bestatter.de
Internet: www.bestatter.de

ISBN 978-3-936057-84-3

Inhaltsverzeichnis

0. Zur Einführung 9

1. Was ist Trauer? 11

1.1 Definition von Trauer 11
1.2 Trauer als Stressreaktion 12
1.3 Trauer als Trauerarbeit 12
1.4 Trauer als Bindungsverlust 14
1.5 Trauer als Verbundenheit über den Tod hinaus 15
1.6 Prüfungsfragen 16

2. Der Trauerprozess 17

2.1 Zur Symptomatik der Trauer 17
2.1.1 Die körperliche (somatische) Ebene 18
2.1.2 Die gefühlsmäßige (affektive) Ebene 18
2.1.3 Die das Denken betreffende (kognitive) Ebene 20
2.1.4 Die auf das Verhalten bezogene (volitive) Ebene 23
2.2 Phasen der Trauer 24
2.2.1 Zur Bedeutung von Trauerphasen 24
2.2.2 Die einzelnen Phasen 26
2.2.2.1 Die Phase des Nicht-wahrhaben-Wollens 26
2.2.2.2 Die Phase der aufbrechenden Gefühle 27
2.2.2.3 Die Phase des Suchens und Sichtrennens 27
2.2.2.4 Die Phase des neuen Selbst- und Weltbezugs 28
2.2.3 Zur religionspsychologischen Bedeutung der Trauerphasen 30
2.3 Aufgaben der Trauer 33
2.3.1 Zur Bedeutung von Traueraufgaben 33
2.3.2 Die einzelnen Traueraufgaben 34
2.3.2.1 Den Verlust als Realität akzeptieren 34
2.3.2.2 Den Trauerschmerz erfahren 37
2.3.2.3 Ohne den Verstorbenen leben lernen 38
2.3.2.4 Gefühle in neue Beziehungen einsetzen 40
2.4 Einflussfaktoren auf den Trauerverlauf 42
2.4.1 Die Todesart 43
2.4.1.1 Der plötzliche Tod 43
2.4.1.2 Langsames Sterben 43
2.4.1.3 Suizid 43
2.4.2 Der Charakter der Bindung 43

2.4.3 Frühere Trauererfahrungen 44
2.4.4 Merkmale der Persönlichkeit 44
2.4.5 Das Verhalten der Umgebung 45
2.4.6 Äußere Belastungen 45
2.4.7 Religiosität 46
2.5 Prüfungsfragen 46

3. Pathologische Trauer 47
3.1 Merkmale und Formen pathologischer Trauer 47
3.1.1 Die chronische Trauerreaktion: Trauer nimmt kein Ende 48
3.1.2 Die verzögerte Trauerreaktion: Trauer findet keinen Anfang 48
3.1.3 Die übertriebene Trauerreaktion: Trauer wird unerträglich 48
3.1.4 Die larvierte Trauerreaktion: Trauer wird körperlich 49
3.2 Trauer und Depression 50
3.2.1 Ähnlichkeiten von Trauer und Depression 50
3.2.2 Unterschiede von Trauer und Depression 51
3.3 Prüfungsfragen 54

4. Hilfen bei der Trauerbewältigung 55
4.1 Das Gespräch mit Trauernden 55
4.1.1 Allgemeine Grundsätze 56
4.1.2 Die Klientenzentrierte Trauerberatung 57
4.1.2.1 Entstehung und Vorzüge 57
4.1.2.2 Die Grundpfeiler der Klientenzentrierten Trauerberatung 59
4.1.2.2.1 Der klientenzentrierte Umgang mit dem Trauernden 59
4.1.2.2.2 Wissensvermittlung über den Trauerprozess 63
4.1.2.2.3 Vermittlung alltagspraktischer Fertigkeiten 63
4.1.3 Fallstricke des Trauergesprächs 67
4.1.4 Ausgewählte Themen und Probleme im Trauergespräch 71
4.1.4.1 Das Erstgespräch 71
4.1.4.2 Zorn und Aggression 72
4.1.4.3 Verunsicherung 72
4.1.4.4 Außergewöhnliche Erfahrungen 73
4.1.4.5 Schuldgefühle 73
4.2 Trauergruppen 75
4.2.1 Was ist eine Gruppe? 75
4.2.2 Vorzüge von Gruppengesprächen 75
4.2.3 Hinweise zum Aufbau einer Trauergruppe 76
4.2.3.1 Zur Festlegung der Rahmenbedingungen 76

4.2.3.2 Zur Auswahl der Teilnehmer 77
4.2.3.3 Zur Klärung von Erwartungen 78
4.2.3.4 Zur Festlegung von Grundregeln 78
4.2.3.5 Zur Festlegung der Gruppenleitung 79
4.2.3.6 Zum Umgang mit nicht hilfreichem Verhalten 80
4.3 Trauerrituale 81
4.3.1 Zur Psychologie des Rituals 81
4.3.1.1 Was ist ein Ritual? 81
4.3.1.2 Zur Funktion des Rituals 82
4.3.1.3 Aspekte des Rituals 82
4.3.2 Trauerrituale – damals und heute 83
4.3.2.1 Trauerrituale in der Tradition 83
4.3.2.2 Trauerrituale heute 84
4.4 Prüfungsfragen 86

5. Besondere Trauersituationen 87
5.1 Trauernde Kinder 87
5.1.1 Entwicklungspsychologische Aspekte kindlicher Trauer 88
5.1.2 Zu den besonderen Merkmalen kindlicher Trauer 92
5.1.3 Hilfen für trauernde Kinder 94
5.1.3.1 Hilfen bei der Realisierung des Verlustes 95
5.1.3.2 Hilfen beim Durchleben der Gefühle 95
5.1.3.3 Hilfen beim Lebenlernen ohne den Verstorbenen 97
5.1.3.4 Hilfen beim Eingehen neuer Beziehungen 98
5.2 Der Tod eines Kindes 101
5.2.1 Tod im Kindesalter: Zur psychologischen Tragweite des Verlusterlebnisses 101
5.2.2 Zur Bedeutung der Selbsthilfe-Gruppen verwaister Eltern 104
5.2.2.1 Entstehung 105
5.2.2.2 Strukturmerkmale 105
5.2.2.3 Vorzüge 108
5.3 Tod durch Suizid 108
5.3.1 Zur Psychologie des Suizids 109
5.3.1.1 Der Suizid als spezifisch menschliche Erscheinung 109
5.3.1.2 Suizidale Verhaltensweisen 109
5.3.1.2.1 Definitionen 109
5.3.1.2.2 Beschreibung 110
5.3.1.3 Häufigkeit von Suizidhandlungen 111
5.3.1.4 Suizid und psychische Erkrankung 112
5.3.1.4.1 Das präsuizidale Syndrom 112

5.3.1.4.2 Suizid, Depression und Aggression 117
5.3.1.4.3 Suizid und andere psychische Störungen 119
5.3.2 Die Trauerreaktionen der Hinterbliebenen 121
5.3.3 Hilfen bei Suizidalität und Suizid 125
5.3.3.1 Zum Umgang mit Suizidalität 125
5.3.3.2 Hilfen für die Hinterbliebenen 127
5.4 Prüfungsfragen 130

6. Der Trauerbegleiter im Brennpunkt: Zur Bewältigung von Stress und Belastung 131
6.1 Stress und Burnout-Syndrom: Wesen, Entstehung, Folgen 131
6.1.1 Was ist Stress? 131
6.1.2 Das Burnout-Syndrom als Stressfolge 133
6.1.3 Burnout als Folge negativer Gedanken und Bewertungen 136
6.2 Maßnahmen gegen Stress und Burnout 139
6.2.1 Hilfreiche Gespräche 140
6.2.2 Entspannungsverfahren 141
6.2.3 Spirituell-religiöse Überzeugungen 141
6.2.4 Ethische Überzeugungen 142
6.3 Prüfungsfragen 144

7. Verwendete und empfohlene Literatur 145

0. Zur Einführung

Der vorliegende Lehrtext möchte einen praxisorientierten Überblick über das Gebiet der Trauerpsychologie geben. Nach einer Abklärung, was Trauer überhaupt ist und wie Trauer auf grundlegende Weise verstanden werden kann (vgl. 1), wird der Trauerprozess, wie er sich weitgehend unabhängig von der besonderen Trauersituation gestaltet, beschrieben (vgl. 2), bevor auf die Problematik pathologischer d. h. krankheitswertiger Trauer eingegangen wird (vgl. 3). Da es sich bei der Depression inzwischen geradezu um eine Volkskrankheit handelt, wird dabei auf die Abgrenzung von Trauer und Depression gesondert eingegangen. Das dann folgende 4. Kapitel macht die ausgeprägte Praxisorientierung des vorliegenden Buches deutlich, insofern es ausführlich auf konkrete Hilfestellungen bei der Trauerbewältigung eingeht. Dabei wird das Trauergespräch als das Zentrum der Praxis der Trauerbegleitung und als *der* Anwendungsfall trauerpsychologischen Wissens besonders gewichtet. Das 5. Kapitel widmet sich besonderen, d. h. besonders belastenden Trauersituationen: die Trauer der Kinder beim Verlust eines Elternteils, die Trauer der Eltern nach dem Tod ihres Kindes sowie die Trauer nach einem Suizid. Dabei liegt der Schwerpunkt auf den psychologischen Besonderheiten dieser Situationen. Die grundlegenden Aspekte der Trauer, wie sie in den ersten drei Kapiteln beschrieben werden, aber auch die im 4. Kapitel vorgestellten Hilfen für Trauernde bleiben auch in diesen besonderen Trauersituationen gültig und sind daher stets mit zu berücksichtigen. Das 6. Kapitel setzt einen weiteren praktischen Schwerpunkt, insofern es sich mit der psychischen Gesundheit des Trauerbegleiters und des Bestatters beschäftigt und damit, wie mögliche negative Folgen der ständigen Konfrontation mit Tod und Trauer vermieden werden können.

Die Auflistung verwendeter und empfohlener Literatur schließt den Lehrtext ab (vgl. 7).

Zur Lernzielkontrolle sind am Ende jedes Kapitels Prüfungsfragen angeschlossen.

Das Skriptum wendet sich nicht primär an Fachpsychologen, sondern an engagierte Laien, die, in welchem Rahmen auch immer, trauernde Menschen begleiten möchten. Daher sind die Literaturnachweise auf das Nötigste begrenzt. Das Gleiche gilt für die Literaturempfehlungen, die keine Vollständigkeit beanspruchen können und wollen. Das Buch eignet sich als Begleitlektüre für Seminare in Trauerpsychologie sowie zum Selbststudium.

Was die Art der Darstellung anbelangt, wurde auf größtmögliche Klarheit, Anschaulichkeit und Strukturierung des Lehrstoffs Wert gelegt. Auf eine dem Verständnis abträgliche stichwortartige Präsentation des Stoffes wurde bewusst verzichtet. Die gelegentliche Wiedergabe von Texten soll der Auflockerung dienen. Psychologisches Vorwissen wird an keiner Stelle vorausgesetzt; sämtliche Fremd- und Fachwörter werden an Ort und Stelle erläutert, so dass sich ein Glossar erübrigt.

1. Was ist Trauer?

Nach einer Verständigung darüber, was Trauer überhaupt ist (vgl. 1.1), sollen vier Denkmodelle der Trauer vorgestellt werden (vgl. 1.2 – 1.5). Diese Denkmodelle möchten über eine bloße Begriffsbestimmung hinaus auf eine tiefere und grundsätzlichere Weise das Wesen der Trauer verständlich machen.

1.1 Definition von Trauer

Ein Leben ohne Trauer ist unmöglich, denn niemand bleibt von Trauer und Verlust verschont. Dementsprechend finden sich seit es schriftliche Zeugnisse gibt, Hinweise, dass Menschen getrauert haben. Meist wird das Wort „Trauer“ mit dem Tod eines geliebten Menschen in Verbindung gebracht. Auf dieser Grundlage ergibt sich eine erste, eng gefasste Definition von Trauer. Danach umfasst Trauer „diejenigen psychischen Reaktionen, die nach dem Verlust eines nahe stehenden Menschen durch dessen Tod auftreten können“ (Jerneizig u. a. 1994, 73). Insofern ist Trauer die Kehrseite von Bindung: „Wer sich nicht bindet, kann/muss nicht Abschied nehmen“ (Frick 2015, 216). Zugleich gehört Bindung zu den menschlichen Grundbedürfnissen (vgl. 1.4). Das bedeutet: Bindungen zu vermeiden, um der Trauer zu entgehen, ist nur um den Preis seelischer Gesundheit möglich.

Doch Trauer kann auch umfassender verstanden werden: Immer, wenn wir etwas verloren haben, was uns wertvoll war, erleben wir seelischen Schmerz. Wir trauern um gescheiterte Liebesbeziehungen, enttäuschte Hoffnungen, unerfüllte Sehnsüchte und verlorengegangene Werte. So gesehen ist Trauer „die ganzheitliche Reaktion eines Menschen auf das durch einen bedeutsamen Verlust angeregte Gewahrwerdung der Endlichkeit“ (Vogel 2022, 126).

Dem entspricht Sigmund Freuds umfassende Definition von Trauer: „Trauer ist regelmäßig die Reaktion auf den Verlust einer geliebten Person oder einer an ihre Stelle gerückten Abstraktion, wie Vaterland, Freiheit, ein Ideal usw.“ (Freud 1915, 428 f.). Dabei bedeutet der Hinweis, dass Trauer bei Verlusterlebnissen „regelmäßig“ auftritt, dass sie eine „normale“, d. h. natürliche und nur zu verständliche Reaktion darstellt; sie ist keine Krankheit, sondern eine angemessene Antwort auf einen erlittenen Verlust. Eher wäre das Ausbleiben einer solchen Reaktion befremdlich.

1.2 Trauer als Stressreaktion

Unter Stress versteht man allgemein die Reaktion eines Organismus auf Ereignisse, die sein Gleichgewicht stören und seine Fähigkeiten zur Bewältigung strapazieren oder sogar überschreiten. Ein solcher Zustand wird auch als Krise bezeichnet. Psychische Krisen entstehen als Folge von belastenden bzw. kritischen Lebensereignissen, die die psychischen Bewältigungsmöglichkeiten des Individuums an ihre Grenzen bringen oder gar übersteigen. Es kommt dadurch zu einer massiven Störung des psychischen Gleichgewichts. Diese Störung ist verbunden mit einer Vielzahl von belastenden körperlichen und psychischen Reaktionen wie Angst, Überforderung und Hilflosigkeit. Wenn Bindung zu den zentralen menschlichen Grundbedürfnissen gehört, wird verstehbar, dass deren Verlust Stress bedeutet bzw. eine Krise auslöst, wenn die geliebte Person, die für die Befriedigung des Bedürfnisses nach Bindung zuständig war, nicht mehr verfügbar ist. Dadurch ist eine „ständige Stressquelle" (Znoj 2012, 23) entstanden, deren Ausmaß als schwerwiegend gelten muss: Stress-Skalen, die belastende Lebensereignisse nach ihrem Schweregrad auflisten, verorten" Tod eines engen Familienmitglieds" an erster Stelle. Dementsprechend können Trauererfahrungen in psychische Störungen übergehen, wenn deren Bewältigung nicht gelingt. Generell sind Verluste jeder Art die Hauptauslöser für Krisen. Eine grundsätzliche Betrachtung der für die Trauer typischen Aufgaben der Stressbewältigung ermöglicht das Duale-Prozess-Modell nach M. Stroebe und H. Schut (1999). Die Autoren beschreiben zwei Verarbeitungsformen, die der Tod eines geliebten Menschen erfordert (vgl. Wagner 2019, 28f):

- Ein verlustorientiertes Verarbeiten (Durchleben des Trauerschmerzes, Loslösung vom Verstorbenen).
- Ein wiederherstellungsorientiertes Verarbeiten (Anpassung an ein Leben ohne den Verstorbenen, Aufbau einer neuen, inneren Bindung zum Verstorbenen).

Im Rahmen der Darstellung der Phasen und Aufgaben der Trauer wurden diese beiden Verarbeitungsprozesse genauer erläutert bzw. eingeordnet (vgl. 2.2 – 2.3).

1.3 Trauer als Trauerarbeit

Im Zusammenhang mit Trauer ist häufig von *Trauerarbeit* die Rede. Dieser Begriff stammt von Sigmund Freud (1856–1939) und spiegelt ein tiefes Verständnis des Wesens der Trauer wider, das auch heute noch gültig ist. Dieses besagt, dass Trauern kein passiver Prozess ist, der von selbst abläuft, sondern ein aktives psychisches Handeln des Trauernden erfordert.

Wie schon gesagt (vgl. 1.1), versteht Freud unter Trauer die Reaktion auf den Verlust eines geliebten Menschen oder von etwas anderem Wertvollen, das an dessen Stelle tritt. Sie zeichnet sich aufgrund der tiefen Bindung an das Verlorene aus durch einen tiefen Schmerz, den Abzug des Interesses von der Außenwelt sowie die Einschränkung des Leistungsvermögens: Der Trauernde ist von seinem Schmerz zunächst so überwältigt, dass es ihm nicht möglich ist, seinen gewohnten Tätigkeiten und Interessen nachzugehen, geschweige denn – im Falle des Partnerverlustes – neue Liebesbeziehungen anzuknüpfen. Die – schmerzliche – Aufgabe des Trauernden besteht nach Freud darin, seine Aufmerksamkeit (Freud setzt diese mit einer Triebenergie gleich und bezeichnet sie als „Libido") aus der Verknüpfung mit dem Liebesobjekt, d. h. der geliebten Person, zu lösen: „Die Trauer hat eine ganz bestimmte psychische Aufgabe zu erledigen, sie soll die Erinnerungen und Erwartungen der Überlebenden von den Toten ablösen" (Freud 1913, 82).

Zunächst sträubt sich der Trauernde dagegen, diese Aufgabe zu erfüllen; er möchte sich gar nicht vom Verstorbenen ablösen, sondern will ihn für immer und auf die gewohnte Weise bei sich behalten. Der geglückte Trauerprozess zeichnet sich demgegenüber dadurch aus, dass das Dasein des geliebten Verstorbenen auf der psychischen Ebene fortgesetzt wird, jedoch im Laufe der Zeit eine allmähliche Loslösung geschieht, die es ermöglicht, auch anderen Personen wieder Aufmerksamkeit und Liebe zuzuwenden. Genau diesen Prozess meint Freud mit dem Begriff der „Trauerarbeit". Ist dieser Punkt erreicht, ist der Trauernde von der ausschließlichen Hingabe an die Trauer befreit. Ein Ende jeder Trauer oder jeglicher psychischen Beziehung zum Verstorbenen ist damit jedoch nicht gemeint. Dies geht aus Freuds Schreiben an seinen Freund und Kollegen L. Binswanger hervor nach dem Tod von dessen Sohn:

> Man weiß, dass die akute Trauer nach einem solchen Verlust ablaufen wird, aber man wird ungetröstet bleiben, nie einen Ersatz finden. Alles, was an die Stelle rückt, und wenn es sie auch ganz ausfüllen sollte, bleibt doch etwas anderes. Und eigentlich ist es recht so. Es ist die einzige Art, die Liebe fortzusetzen, die man ja nicht aufgeben will. (Freud, 1873 ff., 403).

Damit hat Freud etwas angedeutet, was für das heutige Verständnis von Trauer sehr wichtig ist: dass Trauer nicht nur einen Prozess der Ablösung vom Verstorbenen bezeichnet, sondern immer auch einen Prozess der Weiterführung bzw. des Neuaufbaus der Beziehung zu ihm (vgl. Schnelzer 2015, 34 ff.).

1.4 Trauer als Bindungsverlust

Sehr aufschlussreich für das Verständnis dessen, was in der Trauer geschieht, ist die Auffassung von John Bowlby (1994/2006), die als Weiterführung des Freudschen Ansatzes gelten kann. Im Mittelpunkt von Bowlbys Versuch, die Wirkung eines Verlustes und das mit ihm verbundene Trauerverhalten zu verstehen, steht der Begriff der *Bindung*. Die darauf aufbauende Bindungstheorie besagt, dass alle Menschen von klein auf darauf angelegt sind, von starken Gefühlen getragene Beziehungen zu anderen Menschen herzustellen. Sie macht so die starke Gefühlsreaktion der Trauer verständlich, die immer dann eintritt, wenn eine Bindung durch die Abwesenheit der geliebten Person – Bowlby nennt sie „Bindungsfigur" – gefährdet oder durch deren Tod zerbrochen ist. Bindungsverhalten ist grundsätzlich ein normales Verhalten, sowohl des Kindes als auch des Erwachsenen.

Da es das Ziel des Bindungsverhaltens ist, eine zentrale Gefühlsbindung aufrechtzuerhalten, rufen Situationen, die diese Bindung gefährden, bereits bei Kindern intensive Reaktionen hervor, die umso stärker sind, je tiefer und bedeutsamer die jeweilige Bindung ist. Unter diesen Umständen werden die stärksten Formen des Bindungsverhaltens hervorgerufen: Anklammern, Weinen und Zorn. Haben diese Verhaltensweisen Erfolg, werden sie eingestellt; Kummer- und Stresszustände sind behoben. Ist dies nicht der Fall, kommt es zu Teilnahmslosigkeit, Rückzug und Verzweiflung.

Damit hat Bowlby eine Theorie des Trauerns entworfen, die verständlich machen kann, warum alle Menschen anlässlich eines Verlustes Trauerschmerz empfinden: Verlieren wir einen geliebten Menschen, spüren wir nämlich, wie sehr unser ganzes Glück von unseren Mitmenschen abhängig ist, denn zwischen Menschen, die sich lieben, ist eine Fülle von Bindungen entstanden: Leben beispielsweise zwei Menschen als ein Ehepaar zusammen, sind sie sich Gesprächspartner, Kamerad, Freund und Geliebte. Sie verbringen Freizeit miteinander, vielleicht arbeiten sie auch zusammen und pflegen gemeinsame Interessen und Freundschaften; sie unterstützen einander in schweren Zeiten, tragen Streitereien aus und versöhnen sich wieder. Auch und gerade in schwierigen, von viel Streit geprägten Beziehungen spielt der Partner eine wichtige Rolle, die häufig unterschätzt wird; stirbt einer von beiden, gehen diese vielfältigen Bindungen ins Leere. Das bisherige Selbst- und Weltverständnis, das an Beziehung und Bindung orientiert war, ist bis in seine Grundfeste erschüttert. Der Trauernde spürt nun, wie sehr seine Impulse auf den anderen Menschen ausgerichtet waren, d. h., dass er zu einem erheblichen Teil im Hinblick auf den anderen gedacht, gefühlt und gehandelt hat; nun sind diese Impulse ohne ein

Gegenüber. Die schmerzliche Aufgabe des Trauernden, d. h., die zu leistende Trauerarbeit, besteht nun darin, die vielfältigen Bindungen, die über kein Gegenüber mehr verfügen, zurückzunehmen; das Beziehungs- oder Bindungsselbst muss sich auf ein individuelles Selbst zurückorganisieren. Damit spielen Erfahrungen endgültiger Trennung bzw. schon allein deren Befürchtung eine entscheidende Rolle für die Entstehung menschlicher Ängste (vgl. Schnelzer 2012; 2019), denn „eines der schmerzlichsten Erlebnisse für den Menschen – vielleicht das schmerzlichste – ist seine endgültige Trennung von dem Mitmenschen, den er liebt" (Caruso 1960/1983, 13).

Deutlicher als Freud stellt Bowlby heraus, dass die Ablösung vom Verstorbenen nur die eine Seite des Trauerprozesses bedeutet. Vielmehr stellt er fest, dass Trauernde dazu neigen, Bindungen nicht loszulassen, sondern diese in verinnerlichter Form fortführen; viele Trauernde haben das Gefühl, dass die Verbindung zu den Toten weiterbesteht. Dies zeigt sich – so Bowlby – häufig in dem tröstlichen Gefühl der fortdauernden Anwesenheit der Verstorbenen. Da dies meist als hilfreich erlebt wird, sind solche Prozesse nach seiner Einschätzung keineswegs pathologisch, sondern ein Bestandteil gesunder Trauer (vgl. Schnelzer 2015, 36 f.).

1.5 Trauer als Verbundenheit über den Tod hinaus

An solche Überlegungen anknüpfend sieht die gegenwärtige Trauerpsychologie (z. B. Kachler 2012) das Ziel der Trauerarbeit nicht so sehr im Loslassen des Verstorbenen, sondern im Neuaufbau einer geistigen Beziehung zu ihm, die eine bleibende Verbundenheit über den Tod hinaus gewährleistet. Man hat erkannt, dass eine solche den Tod überdauernde Beziehung nicht nur sehr häufig und keineswegs pathologisch ist, sondern sehr hilfreich sein kann. Theoretischer Hintergrund dieser Auffassung ist die psychoanalytische Objektbeziehungstheorie, die eine Weiterführung der Auffassungen von Freud und Bowlby bedeutet: Danach bildet sich die seelische Struktur durch verinnerlichte Beziehungserfahrungen mit zentralen Bezugspersonen aus. Diese Erfahrungen bilden wiederum innere Abbilder (= Objektrepräsentanzen) von diesen Personen aus, zu denen eine Beziehung über den Tod hinaus möglich und sinnvoll ist. Wichtig ist nur, dass diese Beziehung in den Prozess der Trauerarbeit eingebunden wird. Das bedeutet: Sie darf nicht steckenbleiben in einem Zustand, der einmal war, aber nie mehr sein wird, sondern sie sollte dynamisch und lebendig sein, so dass es z. B. möglich wird, an den Verstorbenen nicht mehr nur mit Wehmut, sondern auch mit Freude und Dankbarkeit zu denken. Religiöse Überzeugungen von einem Leben nach dem Tod und der Möglichkeit, auf dieser Basis die Beziehung zu den Verstorbenen fortzusetzen, legen diesem Trauermodell zugrunde. Darüber hinaus betonen sie allerdings, dass diese Beziehung nicht nur psychologisch, sondern real ist (Schnelzer 2005; 2013; 2015).

Im Übrigen gibt es wissenschaftlich begründete Hinweise dafür, dass religiöse Menschen Verlusterlebnisse besser bewältigen als nicht religiöse Menschen. So zeigen zahlreiche Studien, dass Menschen in Verlustkrisen mit Erfolg auf religiöse Ressourcen d. h. Kraftquellen zurückgegriffen haben (vgl. Utsch et al. 2014, S.15) Dabei können insbesondere Vorstellungen von einem Wiedersehen im Jenseits „eine bedeutsame Tröstungsfunktion übernehmen" (Auchter, 2019, 114). In 2.2.3 werde ich darauf noch ausführlicher zurückkommen.

1.6 Prüfungsfragen

1. Geben Sie eine weite und eine enge Definition von Trauer!
2. Von wem stammt der Begriff „Trauerarbeit" und was besagt er?
3. John Bowlby beschreibt in seiner Bindungstheorie Trauerarbeit als die Rücknahme vielfältiger Bindungen. Was ist damit gemeint?
4. „Das Ziel der Trauerarbeit besteht im Loslassen des Verstorbenen." Trifft diese Auffassung zu? Begründung!
5. Nennen Sie vier Denkmodelle der Trauer! Wählen Sie zwei davon aus und erläutern Sie diese genauer!

2. Der Trauerprozess

Die Beschreibung des Trauerprozesses entspricht einer *allgemeinen Psychologie der Trauer*. Ihr Thema sind die Anteile im Trauerverlauf, die bei den meisten Menschen gleich oder ähnlich sind. Von zwischenmenschlichen Unterschieden zunächst absehend, interessiert sie sich für das Gemeinsame im Verhalten und Erleben trauernder Menschen. Daher haben wir es hier mit dem *Herzstück der Trauerpsychologie* zu tun. Vor diesem Hintergrund werden im Folgenden typische Symptome (vgl. 2.1), Verläufe (vgl. 2.2) und Anforderungen an den Trauernden (vgl. 2.3) beschrieben, bevor grundsätzlich bedeutsame Einflussfaktoren auf den Trauerverlauf zur Sprache kommen (vgl. 2.4).

2.1 Zur Symptomatik der Trauer

Wer Trauernde begleiten möchte, muss mit dem möglichen Spektrum der Erscheinungsweisen normaler Trauer vertraut sein. Keinesfalls dürfen normale Trauersymptome aufgrund ihres teilweise befremdlichen Charakters als pathologisch (krankhaft) missdeutet werden; dies würde den ohnehin schon schwer belasteten Trauernden noch mehr verunsichern. Daher gilt es sich klar zu machen, dass die im Folgenden erwähnten Trauerreaktionen ausschließlich der *Normalpsychologie* angehören.

Doch auch für den Trauernden selbst ist das Wissen um die Symptompalette normaler Trauer sehr wichtig. Er vermag so seine schmerzlichen Erfahrungen als normalem, nicht krankhaftem Verhalten und Erleben zugehörig zu erkennen, sie so zuzulassen und zu akzeptieren und dadurch nach und nach zu durchleben.

Wenn im Folgenden ein Einblick in die Vielfalt der Trauerreaktionen gegeben wird, wird zugleich deutlich, dass Trauer ein Geschehen ist, das den ganzen Menschen in all seinen psychischen Dimensionen und darüber hinaus bis in seine Körperlichkeit hinein erfasst. So betreffen sie neben dem somatischen (körperlichen) Bereich sowohl die affektive (gefühlsmäßige) als auch die kognitive (das Denken betreffende) sowie die volitive (auf das Verhalten bezogene) Ebene und damit sämtliche Aspekte seelischen Lebens. Selbstverständlich müssen aber nicht bei jedem Trauernden alle Symptome vorhanden sein. Vielmehr ergeben sich ganz individuelle Symptommuster.

2.1.1 Die körperliche (somatische) Ebene

Auf der *körperlichen Ebene* zeigt sich die Trauer auf eine Weise, die, obwohl sie keine Krankheit ist, in ihrer äußeren Erscheinungsform an eine Depression im klinischen Sinn erinnert (vgl. 3.2). Die Haltung ist *gebückt,* der Gesichtsausdruck *starr.* Der Trauernde hat viel von seiner Lebendigkeit verloren; alles, was er tut, ist beeinträchtigt. Der *Appetit nimmt ab;* an Sexualität, aber auch an Spiel und Zerstreuung besteht kein Interesse mehr. Halten die Trauerreaktionen lange an, kommt es zu einer umfassenden Erschöpfung, zumal der Trauernde an *Schlafstörungen* leidet: So wird von Einschlaf- und Durchschlafstörungen berichtet; viele schlafen nur wenige Stunden, ohne in einen echten Tiefschlaf zu gelangen und wachen dann mit einer bleiernden Müdigkeit auf, die sie den ganzen Tag quält. Insbesondere in der Zeit der akuten Trauer kommt es zu körperlichen Missempfindungen wie *Leeregefühl im Magen, Brustbeklemmung, dem Gefühl einer zugeschnürten Kehle, Kurzatmigkeit, Mundtrockenheit* und einem *allgemeinen Schwächegefühl.* Bei manchen Menschen wandelt sich die Trauer in *Schmerzzustände,* etwa in Kopf- und Rückenschmerzen, um. Oft beunruhigen diese Empfindungen den Trauernden sehr, zumal wenn er sie, was vielfach geschieht, mit einer schweren Erkrankung, etwa der Todeskrankheit des Verstorbenen, in Verbindung bringt. Daher suchen Trauernde nicht selten den Arzt auf. Obwohl diese Symptome in der Regel nicht auf eine ernst zu nehmende körperliche Krankheit hindeuten, sind Trauernde aufgrund der Schwächung des Immunsystems für körperliche Erkrankungen in besonderer Weise anfällig. Dementsprechend können sich auch bestehende Erkrankungen verschlimmern.

2.1.2 Die gefühlsmäßige (affektive) Ebene

Im Mittelpunkt des Trauerprozesses stehen die vielfältigen Gefühle, die den Trauernden fast vollständig in Beschlag nehmen. Er fühlt sich *traurig, hilflos, einsam* und *verlassen,* ist von tiefer *Sehnsucht* nach dem Verstorbenen erfüllt, verspürt unter Umständen aber auch *Erleichterung,* wenn dem Tod eine lange, qualvolle Krankheit vorausgegangen ist. Diese Gefühle verstehen sich von selbst und bedürfen keines Kommentars. Es zeigen sich jedoch auch Emotionen, die auf den ersten Blick unverständlich erscheinen und daher zum einen den Trauernden verwirren und beunruhigen, zum anderen im persönlichen Umfeld regelmäßig Unverständnis hervorrufen: Insbesondere betrifft dies Gefühle von Aggression, Schuld und Angst.

Viele Trauernde sind von heftigen *Aggressionen* erfüllt. Diese werden nicht nur von Außenstehenden als befremdlich angesehen, sondern erscheinen auch dem Trauernden selbst als nicht nachvollziehbar. Dieser Zorn speist sich aus zwei Quellen. Zum einen entspringt er dem Gefühl der eigenen Machtlosigkeit. Man hat nicht verhindern können, dass der geliebte Mensch stirbt. Wichtiger ist die zweite Quelle dieses Zorns, und zwar die in der Trauer typische Neigung zur Regression: Wenn ein geliebter Mensch stirbt, fühlt sich der Hinterbliebene hilflos wie ein Kind. Er glaubt ohne den verlorenen Menschen nicht weiterleben zu können – und mit diesen Angstgefühlen steigt Zorn in ihm auf, denn er empfindet den Verstorbenen als denjenigen, der ihn in diesen qualvollen Zustand versetzt hat. Nun bestehen allerdings erhebliche Barrieren, die verhindern, dass dieser Zorn zugelassen wird. Das schlechte Gewissen macht es unmöglich, einem Verstorbenen, zumal wenn man ihn geliebt hat, negative Gefühle entgegenzubringen. Dies führt dazu, dass sich diese Gefühle ein Ersatzobjekt suchen, auf das sie verschoben werden können; der Zorn wird auf eine andere Person gelenkt. Diese Ersatzobjekte werden zu „Sündenböcken für die Toten" (C.F. Shatan). Für einen solchen Verschiebungsersatz kommen der behandelnde Arzt, der Pfarrer, der Bestatter, andere Mitglieder der Familie, bevorzugt aber auch Gott infrage, der trotz allen Flehens seine Hilfe versagt hat. Im ungünstigsten Fall richtet der Trauernde seine Aggression gegen sich selbst in Form einer suizidalen Handlung (vgl. 5.3.1.4.2).

Die Trauer vieler Menschen ist des Weiteren durch *Schuldgefühle* und *Selbstanklagen* bestimmt. Viele berichten von Versäumnissen, deren sie sich angeblich schuldig gemacht haben: Man habe dem Verstorbenen zu wenig Liebe geschenkt, sei an sämtlichen Auseinandersetzungen der Alleinschuldige gewesen (dies hängt mit der Neigung zusammen, den Verstorbenen zu idealisieren), man hätte dafür Sorge tragen müssen, dass sich der Betreffende früher in medizinische Behandlung begibt usw. Meist verfügen diese Schuldgefühle über keine reale Grundlage, sondern sind fantasiert. Steht am Ende das Unversöhntseins zwischen Verstorbenem und Trauerndem, werden das Abschiednehmen und der Trauerprozess erheblich erschwert. Allerdings kann man davon ausgehen, dass „bei jedem Tod, besonders beim plötzlichen und unerwarteten, für die Hinterbliebenen auch trotz besten Bemühens immer vieles ungesagt und ungetan … bleibt" (Auchter 2019, 27). Das bedeutet: Schuldgefühle dürften in der Trauer unausweichlich sein.

Einen erheblichen Anteil an der Trauer nimmt die *Angst* ein. Sie entspringt mehreren Quellen. Zunächst zeigt sich die Angst als Angst vor der Einsamkeit: Der Trauernde glaubt, unter dem furchtbaren Ereignis zusammenzubrechen und ohne den geliebten Menschen nicht zurechtzukommen. Der Tod eines nahe stehenden Menschen aktiviert aber immer auch die Angst vor dem eigenen Tod. Dem Hinterbliebenen kommt die Brüchigkeit des menschlichen

Lebens zu Bewusstsein, und er erkennt, dass das Schicksal des Todes jederzeit auch ihn selbst treffen kann – oder einen anderen geliebten Menschen.

Die Gefühle der Trauer zeigen sich nicht strikt voneinander getrennt. Vielmehr herrscht ein regelrechtes *Chaos von Gefühlen* vor. Jähe Stimmungsumschwünge sind keine Seltenheit. So plant etwa ein Trauernder relativ gefasst eine Trauerfeier; plötzlich wird er von einer tiefen Traurigkeit übermannt und bricht schluchzend in Tränen aus. Ein anderer ist erleichtert, dass das Leiden des geliebten Menschen ein Ende hatte und er endlich sterben konnte, doch dann quält ihn plötzlich die Frage: Warum konnte das Ende des Leids nicht in der Heilung bestehen, oder noch grundlegender: Warum ist er überhaupt krank geworden? Oft bestehen auch scheinbar unvereinbare Gefühle zur gleichen Zeit: Viele vermissen den Verstorbenen, sind von grenzenloser Sehnsucht nach ihm erfüllt – zugleich empfinden sie einen heftigen Zorn auf ihn, weil sie verlassen worden sind.

2.1.3 Die das Denken betreffende (kognitive) Ebene

Die kognitiven Trauersymptome sind mit der Qualifikation „das Denken betreffend" nur unzureichend bestimmt. Die Begriffe „kognitiv" und „Kognition" umfassen neben eher intellektuellen Aspekten wie Auffassung, Konzentration und Gedächtnis sowie Denken und Bewusstsein auch Prozesse des Wahrnehmens. Auf dieser kognitiven Ebene zeigen sich neben *Verwirrung und Konzentrationsschwäche* sowie der *intensiven Beschäftigung mit dem Verstorbenen* einige Phänomene, die höchst bemerkenswert sind. So haben Trauernde, und zwar öfter, als man gemeinhin annimmt, die Wahrnehmung, der Verstorbene sei auf eine geheimnisvolle und zugleich reale Weise anwesend. In besonderer Intensität zeigt sich dieses Phänomen in der Zeit unmittelbar nach einem Todesfall.

Ein Gefühl der Nähe des Verstorbenen vermitteln auch als sehr intensiv und real erlebte *Träume* von Verstorbenen. Sie können positive Erfahrungen der Nähe gewähren; sie können aber auch der unbewusste Ausdruck von Schuldgefühlen sein, wenn etwa der geträumte Verstorbene dem Hinterbliebenen bittere Vorwürfe macht. Die *psychologische* Bedeutung dieser Träume besteht darin, dass sie über den Stand der Trauerarbeit Aufschluss geben. So zeigen Träume, die vom Suchen und Nichtfinden des Verstorbenen handeln, dass sich der Trauernde mitten im Prozess der Ablösung befindet. Träume sind demnach ein wichtiger Teil der Trauerarbeit, zumal sie Aufschluss über die unbewussten Aspekte der Trauer geben. Darüber hinaus bezeugen sie, wie sehr der Trauernde die Beziehung zum Verstorbenen verinnerlicht hat (vgl. 1.5).

Sehr eindrucksvoll sind die Erlebnisse Trauernder, die man als *Halluzinationen* zu bezeichnen pflegt. Der Trauernde glaubt, den Verstorbenen optisch und/oder akustisch wahrzunehmen. Er erscheint beispielsweise nachts am Bett des Hinterbliebenen und/oder lässt ihn seine Stimme hören. Charakteristisch ist auch folgendes Erlebnis: Der Verstorbene, so scheint es, schließt das Garagentor, seine Schritte werden vor der Tür gehört, als würde im nächsten Moment die Wohnungstür geöffnet. Manche Trauernde berichten sogar, sie hätten den Verstorbenen gerochen oder gespürt. Solche Erfahrungen gehören ohne Zweifel zu den beunruhigendsten Aspekten der Trauer. Dies hängt damit zusammen, dass man unter Halluzinationen gewöhnlich Trugwahrnehmungen versteht, d. h., Wahrnehmungen, die nicht durch einen äußeren Sinnesreiz hervorgerufen, also irreal sind, und die man daher in der Regel dem psychopathologischen Bereich, d. h., dem Bereich der seelischen Erkrankungen, zuweist. In der Tat können schwere psychische Störungen wie z. B. die Schizophrenie (vgl. 5.3.1.4.3) mit Halluzinationen einhergehen. Dies ist auch vielen Trauernden bekannt, so dass derartige Erfahrungen in ihnen die Angst erzeugen, „verrückt" zu werden. Aus psychologischer Sicht sind solche Befürchtungen unbegründet: Es handelt sich z. T. um vorübergehende Erfahrungen, die meist in der ersten Zeit nach einem Verlust auftreten und Ausdruck normaler Trauer sind, d. h. nicht auf eine problematische Trauerreaktion hindeuten. Auch wenn sie sich längere Zeit nach einem Verlusterlebnis einstellen, beweisen sie nicht das Vorliegen einer seelischen Störung. Dasselbe gilt für Illusionen, die zunächst als verzerrte Wahrnehmung tatsächlich vorhandener Reize verstanden werden können. Bei einem Trauernden liegt etwa dann eine Illusion vor, wenn eine reale Person als der Verstorbene verkannt wird. Ob Halluzinationen und *Illusionen* reine Produkte der Psyche sind, oder ob sie, auf welcher Ebene auch immer, einen realen und damit spirituell bedeutsamen Charakter haben können (vgl. 2.2.3), vermag die Psychologie nicht zu entscheiden, sondern ist eine Frage der persönlichen Überzeugung.

Exkurs: Wissenschaftliche Untersuchungen zu Nachtodkontakten

Was wissenschaftliche Untersuchungen zu dieser Frage anbelangt, lassen sich deren Ergebnisse wie folgt zusammenfassen (vgl. Elsaesser-Valarino 2011; Elsaesser 2021):

- Derartige Phänomene – man könnte sie als Nachtodkontakte bezeichnen – sind keineswegs selten, sondern werden von sehr vielen Menschen erlebt, allerdings aus Angst davor für verrückt gehalten zu werden bzw. aus Scharm verschwiegen. Nach verschiedenen Umfragen berichten

10 – 40% der Trauernden, bereits einmal oder auch mehrfach Kontakte mit Verstorbenen erlebt zu haben (vgl. Vogel 2022, 136).

- Derartige Phänomene sind nicht pathologisch. Sie verursachen keine seelischen Belastungen, die die Kriterien für psychisches Kranksein erfüllen. Vielmehr lässt sich über die Personen sagen, die angeben, mit Verstorbenen in Kontakt getreten zu sein: „Diese Menschen sind völlig normal, abgesehen davon, dass sie verstorbene Bezugspersonen sehen, hören oder von ihnen berührt werden" (Elsaesser-Valarino 2011, 79).
- Derartige Phänomene vermitteln das Gefühl, dass der verstorbene Angehörige weiterlebt, dass er glücklich ist und auf den Empfänger achtgibt. Nachtodkontakte bringen Trost und lindern den Schmerz der Empfänger. Diese passen in der Folge ihr Glaubenssystem an und entwickeln eine neue Vorstellung vom Leben und vom Tod. Damit geschieht nichts anderes als eine therapeutisch wirksame Umdeutung des Todes, die mithilfe der kognitiven Psychotherapie (vgl. 2.2.1) verstanden werden kann: Der Tod ist nicht mehr das absolute Ende, sondern der Beginn eines neuen Lebens, so dass sich die Möglichkeit einer realen Beziehungsmöglichkeit mit dem Verstorbenen eröffnet. Deshalb besteht ein fundamentaler Zusammenhang zwischen dem Glauben an ein Leben nach dem Tod und der fortdauernden Verbindung zu der verstorbenen Person, der sich wiederum in hohem Maße heilsam auswirkt: Es wird von spontanen therapeutischen Veränderungen berichtet, die sonst erst nach Monaten oder sogar erst nach Jahren eintreten würden. Die betreffenden Erfahrungen werden nämlich von sehr vielen Menschen als ein Erlebnis interpretiert, das dazu geeignet ist, den Hinterbliebenen zu trösten und ihm bei der Verarbeitung seiner Trauer zu helfen, und zwar durch die Botschaft, dass der Verstorbene weiterlebt und dass es ihm gut geht. In der „Arbeit mit Trauernden ist das ernsthafte und wertschätzende Eingehen auf solche Berichte deshalb sehr bedeutsam, da sonst die für einen 'gelungenen' Trauerprozess notwendigen Internalisierungsvorgänge (Verinnerlichungsvorgänge, T.S.) unterbunden oder gar pathologisiert werden und ein wichtiges, bei vielen Menschen spontan ablaufendes seelisches Tröstungsprogramm unterbrochen wird" (Vogel 2022, 136).
- Daraus ergibt sich wiederum, dass Nachtoderlebnisse auch dazu angetan sind, den religiösen Glauben nachhaltig zu stärken. Sie helfen nicht nur dabei, die Trauer zu verarbeiten, sondern bilden auch die Basis für den Glauben an ein Leben nach dem Tod und die Verminderung der Angst vor dem Tod.

- Nachtoderlebnisse fördern jedoch auch den Prozess der Trauerarbeit, insofern dieser einen Prozess der Loslösung vom Verstorbenen und zugleich der Weiterführung der Beziehung zu ihm bedeutet (vgl. 1.2 – 1.5):

  Die Herausforderung der Trauerarbeit besteht darin, dass die Hinterbliebenen die endgültige physische Abwesenheit des geliebten Menschen akzeptieren und eine neue innere Verbindung mit ihr oder ihm schaffen. NTK (= Nachtodkontakte, T.S.) fügen sich nahtlos in diesen Prozess ein, denn sie eröffnen die Perspektive einer fortdauernden und dynamischen Beziehung zwischen Lebenden und Toten, die sich in seltenen, kostbaren Momenten manifestiert (Elsaesser 2021, 255 f).

Angesichts dieser Befundlage hat sich eine fundamentale Neukonzeption bezüglich des Ziels der Trauerarbeit etabliert, die dementsprechend grundlegende Auswirkungen für die Beratung und Psychotherapie trauernder Menschen hat: Nicht die Loslösung vom Verstorbenen muss deren Ziel sein; vielmehr ist das Aufrechterhalten bzw. die Neugestaltung einer bleibenden Beziehung zum Verstorbenen eine häufige und zugleich hilfreiche Weise der Trauerbewältigung. Der Trauernde verfügt über bleibende „innere Repräsentationen" vom Verstorbenen und auf dieser psychischen Basis lässt sich das Ziel des Trauerprozesses formulieren als die Konstruktion einer neuen und bleibenden, positiv getönten Beziehung über den Tod hinaus (vgl. 2.2.2.4).

2.1.4 Die auf das Verhalten bezogene (volitive) Ebene

Nicht selten reagieren Trauernde mit sozialem Rückzug: Sie wollen nach einem schmerzhaften Verlust zunächst alleine sein und lehnen es beispielsweise ab, an Feierlichkeiten teilzunehmen. Die traurige Stimmungslage und die intensive Beschäftigung mit dem Verstorbenen lassen derartige Aktivitäten nicht zu. Dieser *soziale Rückzug* kann als normales Trauerverhalten gelten. Allerdings besteht die Gefahr, dass der Trauernde langfristig in den Sog der Isolation gerät und das Interesse an der Außenwelt verliert.

Manche Trauernde zeigen ein dem sozialen Rückzug völlig entgegengesetztes Verhalten: Sie pflegen vielfältige *Aktivitäten und Ablenkungen*, um von der Trauersituation Abstand zu bekommen und so eine gewisse Kontrolle zurückzugewinnen. Dieses Verhalten ist nur dann problematisch, wenn es dauerhaft die Trauerarbeit unmöglich macht. Bei „Hyperaktivismus" im Sinne einer rastlosen Überaktivität könnte eine u.U. problematische Trauerabwehr vorliegen: Der Bedrohung durch den Tod wird der unbewusste Gedanke entgegengesetzt: „Ich bin noch lebendig" (Auchter 2019, 19)

Mit den Erinnerungen an den Verstorbenen gehen Trauernde ganz unterschiedlich um. Manche *beseitigen* unmittelbar nach dem Todesfall *alle Dinge, die sie an den Verstorbenen erinnern.* In seiner extremen Form ist dieses Verhalten problematisch, da es darauf hindeutet, dass der Betreffende seiner Trauer ausweichen möchte; der Trauernde handelt nicht etwa lieblos, sondern fürchtet sich vielmehr vor dem Trauerschmerz, den die Hinterlassenschaft des Verstorbenen in ihm erzeugen könnte.

Andere wiederrum halten diese Gegenstände in höchsten Ehren. Sie fungieren als „linking objects" (V. Volkan), als „Brückenobjekte", die eine Verbindung zum Verstorbenen schaffen sollen. Meist sind es Gegenstände aus dessen persönlichem Gebrauch (vgl. Auchter 2019, 112 f; Frick 2015, 224 ff.). Im Rahmen gelungener Trauerarbeit wandelt sich deren Bedeutung. Die Trauerarbeit brauch dann nur noch „wenige äußere Zeichen" (Frick, 2015, 225) z. B. eines der vielen möglichen „linking objects".

Viele Trauernde zeigen ein ausgeprägtes *Suchverhalten.* Sie „suchen" den Verstorbenen auf reale Weise an verschiedenen Orten, die man mit ihm in Verbindung bringt, oder aber auch auf übertragene Weise in Gestalt seiner materiellen oder ideellen Hinterlassenschaft; der Besitz des Verstorbenen, aber auch seine Ideen sowie seine Interessen werden wichtig, weil sie ihn ein Stück weit zu vergegenwärtigen vermögen. Auch das Bedürfnis über den Verstorbenen zu sprechen, kann als Suchverhalten gedeutet werden. Immer geht es darum, eine Brücke zum Verstorbenen zu finden. Wir werden auf dieses Suchverhalten im Folgenden, wenn wir den Verlauf der Trauer beschreiben, noch zurückkommen (vgl. 2.2.2.3).

2.2 Phasen der Trauer

2.2.1 Zur Bedeutung von Trauerphasen

Immer wieder wurde versucht, den Trauerprozess in Gestalt von Phasenmodellen zu beschreiben. Seit den 1970er Jahren haben sie eine weite Verbreitung erlangt und gehören zu den bekanntesten Inhalten der Trauerpsychologie. Gegen solche Versuche sind schon bald Einwände erhoben worden. Der Trauerverlauf sei individuell, so die Kritik; daher dürften individuelle Unterschiede nicht durch die Beschreibung allgemeingültiger Prozesse eingeebnet werden. Dazu ist Folgendes zu sagen:

Phasenmodelle legen in der Tat den Schwerpunkt auf diejenigen Anteile der Trauer, die sich bei den meisten Menschen gleich oder ähnlich gestalten; die individuellen Unterschiede treten dagegen zurück; dennoch lassen sie Raum für individuelle Ausgestaltungen. So ist es etwa von Persönlichkeit und Temperament abhängig, ob bei einem Trauernden in der Phase der aufbrechenden Gefühle (vgl. 2.2.2.2) Ängstlichkeit oder Aggressivität im Vordergrund stehen. Weiterhin wird, auch wenn dies immer wieder behauptet wird, keineswegs unterstellt, dass Trauer eine Aufeinanderfolge von klar abgrenzbaren seelischen Zuständen darstellt. Zunächst kann ein Trauernder jederzeit in einer bestimmten Phase stecken bleiben; ebenso ist ein meist vorübergehender „Rückfall" in eine anscheinend schon überwundene Phase möglich und auch mit Überschneidungen aneinander angrenzender Phasen ist zu rechnen.

Das bedeutet: Die Trauernden durchlaufen die einzelnen Phasen nicht notwendigerweise nacheinander, sondern erleben oftmals rasche Wechsel zwischen den einzelnen Zuständen. M.a.W.: Die Phasenmodelle beschreiben „keine lineare Entwicklung, sondern Etappen, die ... mit progressiven und regressiven Schüben – man könnte auch von Wellen sprechen – durchlaufen werden" (Auchter 2019, 33). Sie gehen lediglich davon aus, dass bestimmte Weisen des Erlebens und Verhaltens zeitweilig im Vordergrund stehen können.

Phasenmodelle setzen keine „Norm". Vielmehr versuchen sie – ähnlich wie J.W. Wordens Modell der Traueraufgaben (vgl. 2.3) – notwendige Schritte der gesunden Trauerarbeit zu systematisieren (Auchter 2019; 33), d. h.: Sie wollen deutlich machen, worin eine gelungene Trauerarbeit aus psychologischer Sicht konkret besteht.

Gelegentlich werden Phasenmodelle als für die Praxis der Trauerbegleitung bedeutungslos abqualifiziert. Diese Auffassung verkennt, dass sie nichts anderes sein wollen als die konkrete Ausfaltung dessen, was Freud mit Trauerarbeit (vgl. 1.3) meint. Ein gelungenes Durchlaufen der Trauerphasen bedeutet so gesehen nichts anderes, als dass der Betreffende mit seiner Trauerarbeit zu einem befriedigenden Abschluss gekommen ist. Dementsprechend ist die Kenntnis der Trauerphasen für denjenigen, der Trauernden helfen möchte, eine wertvolle Hilfe, die ihn mit den o. g. Einschränkungen erkennen lässt, wie weit der Trauernde in seiner Trauerarbeit fortgeschritten ist bzw. welchen Weg er noch vor sich hat. Doch auch dem Trauernden selbst wird eine tröstliche Perspektive eröffnet, wenn er darum weiß, wie Trauer normalerweise verläuft. So bedrückend seine gegenwärtige Gefühlssituation auch sein mag: Der Gedanke, dass Trauer etwas ist, das nicht immer gleich bleibt, sondern sich verändert, kann in ihm die Hoffnung wachrufen, dass auch der tiefste Schmerz nicht für immer anhält, und lehrt ihn zugleich zu verstehen, dass dieser Schmerz nicht sinnlos, sondern eine notwendige Zwischenstation auf dem Weg zur Heilung ist, auch wenn ihm den Schmerz selbst niemand nehmen kann.

An dieser Stelle kommt ein Effekt zum Tragen, der für den Umgang mit Trauernden generell von großer Bedeutung ist und der auch aus der Psychotherapie bekannt ist: dass gefühlsmäßiges Unbehagen und damit auch Trauer durch Wissen und eine neue Weise zu denken (also durch „kognitive" Prozesse) positiv beeinflussbar sind.

Im Folgenden werden die Phasen der Trauer im Einzelnen beschrieben. Dabei lege ich das Modell von Verena Kast zugrunde, wie sie es in ihrem Buch „Trauern. Phasen und Chancen des psychischen Prozesses" (2000) entfaltet hat. Zum einen erscheint es unmittelbar einleuchtend – Trauer kann im Grunde gar nicht anders verlaufen –, zum anderen lassen sich die Aufgaben der Trauer, die anschließend beschrieben werden, mithilfe des Modells von Kast gut verdeutlichen (vgl. Schnelzer 2005, 30 ff.).

2.2.2 Die einzelnen Phasen

2.2.2.1 Die Phase des Nicht-wahrhaben-Wollens

Unmittelbar nach dem Erhalt der Nachricht, dass ein geliebter Mensch gestorben ist, wird das Erleben des Betroffenen von einer tiefen Ungläubigkeit beherrscht. Er denkt oder sagt: „Nein, das gibt es nicht, das kann nicht wahr sein." Zugleich verfällt er in eine Erstarrung der Gefühle, die an eine Betäubung erinnert. Dies ist umso mehr der Fall, wenn der Tod plötzlich und ohne Vorwarnung eingetreten ist: durch einen Unfall, durch Herz-Kreislauf-Versagen oder durch ein Gewaltverbrechen. Dieses Nicht-wahrhaben-Wollen hat seinen guten Sinn. Es schützt den Trauernden davor, von schmerzhaften Gefühlen überflutet zu werden, die zu diesem Zeitpunkt in ihrer unverminderten Wucht nicht ertragen werden könnten. Er erhält so die Möglichkeit, sich in kleinen Schritten an die Wahrheit heranzutasten, ohne gleich von der vollen Intensität des Schmerzes überwältigt zu werden. Dieses Stadium kann von wenigen Stunden bis zu einer Woche dauern. Dabei ist zu bedenken, dass das intellektuelle Verstehen dessen, was passiert ist, und das wirkliche, auch emotionale Begreifen des Verlustes weder dasselbe sind, noch zeitlich zusammenfallen: Der Trauernde weiß zwar nach relativ kurzer Zeit, dass der Betreffende tot ist und nicht zurückkehrt, doch die Tragweite dessen, was dies wirklich bedeutet, wird erst nach und nach realisiert.

Insofern reicht das Nicht-wahrhaben-Wollen bis in das nächste Stadium des Trauerprozesses, in die Phase der aufbrechenden Gefühle, hinein, denn erst im Zuge des Schmerzerlebens wird die Realität des Verlustes wirklich bewusst.

2.2.2.2 Die Phase der aufbrechenden Gefühle

Der von Unglaube und Betäubung geprägten Phase des Nicht-wahrhaben-Wollens folgt ein Stadium, das durch das Aufbrechen der Emotionen gekennzeichnet ist. Nachdem der Trauernde begriffen hat, was geschehen ist, trifft ihn der Trauerschmerz in seiner ganzen Wucht; die ganze Palette der Trauergefühle in ihrem widersprüchlich-chaotischen Charakter bricht hervor. Im Vordergrund stehen dabei freilich diejenigen Gefühle, die für die betreffende Person immer schon charakteristisch waren: „Es scheint, als wären diese emotionalen Reaktionen, die nach der Phase der Erstarrung aufbrechen, jeweils der Eigenheit des Trauernden gemäß“ (Kast 2000, 73). So werden Menschen, die immer schon ängstlich oder impulsiv waren, auch nach einem Verlusterlebnis bevorzugt Angst bzw. Aggressivität äußern. Die Phase der aufbrechenden Emotionen gestaltet sich also durchaus auf eine Weise, die von der ganz individuellen Persönlichkeit des Betroffenen geprägt ist. Zeitlich gesehen beansprucht sie in der Regel einige Monate.

2.2.2.3 Die Phase des Suchens und Sichtrennens

Wenn sich der Trauerschmerz ein wenig gelegt hat, setzt eine Art Suche nach dem Verstorbenen ein, als ob man ihn auf irgendeine Weise finden könnte (vgl. 2.1.4). Verstand und Gefühl fallen auseinander: Obwohl der Trauernde weiß, dass diese Suche, vordergründig betrachtet, sinnlos ist, ist er dennoch zutiefst von diesem Drang erfüllt. Sie steht damit nicht wirklich im Dienst der Verleugnung des Verlustes und sollte daher nicht als Rückfall in das Nicht-wahrhaben-Wollen missdeutet werden. Sicherlich ist der Trauernde zunächst bestrebt, dem Toten auf eine räumliche Weise nahe zu kommen – ein Versuch, der selbstverständlich illusionär ist. Dies ist etwa dann der Fall, wenn der Verstorbene an realen Orten gesucht wird, etwa an Orten, die er besonders gerne aufgesucht hat.

Häufig werden die Verstorbenen jedoch in einem übertragenen Sinn gesucht: Da dem Trauernden in der Situation des Verlustes die Unersetzbarkeit dessen bewusst wird, was dieser Mensch bedeutet hat, wird alles unendlich wertvoll, was mit dem Verstorbenen in Verbindung steht und auf diesen verweist. Dies kann bis zur *Identifikation* mit dem Verstorbenen gehen, d. h.: Bei manchen ist die Neigung, den Toten zu *idealisieren*, so stark, dass viele seiner Eigenheiten und Interessen übernommen werden, auch wenn dies den eigenen Neigungen widerspricht. Im Weiteren Trauerverlauf kommt es jedoch zu einer Normalisierung solcher Tendenzen.

Grundsätzlich hat die Suche nach dem Verstorbenen ihren guten Sinn: Da sie als reale Suche erfolglos bleiben muss, aktiviert sie den Trauerschmerz ein Stück weit neu und hilft dem Trauernden dabei, anzuerkennen, dass er tatsächlich ohne den Verstorbenen leben muss; in ihrer übertragenen Form stellt sie den sinnvollen Versuch dar, „das, was der Tote bedeutet hat, ins neu entstehende Lebensgefüge mit einzubringen" (Kast 2000, 78) und so dessen Vermächtnis zu achten, d. h. „nicht einfach alles verloren zu geben, sondern die Beziehungsintensität und die gelebte Beziehung als etwas zum Leben Gehörendes zu erfahren" (Kast 2000, 79 f.). Auf diesem Wege bahnt sich eine neue, bleibende Beziehung zum Verstorbenen an. A. Grün greift diesen Gedanken vertiefend auf, indem er diese dritte Phase der Trauer überschreibt mit „Die Botschaft des Verstorbenen verstehen" (vgl. Grün 2014, 38 ff.). Wenn der Trauernde sich – alleine oder mit professioneller Begleitung – bestimmte Fragen stellt, kann es ihm gelingen, den Verstorbenen nach dessen Tod tiefer als zu Lebzeiten zu verstehen. Solche Fragen könnten sein: Was hat mir der Verstorbene bedeutet? Was hat er mir gegeben? Was hat ihn bewegt? Was wollte er in seinem Leben vermitteln? Womit hat er sich schwer getan? Für die Phase des Suchens und Sichtrennens sind einige Wochen bis Jahre zu veranschlagen.

2.2.2.4 Die Phase des neuen Selbst- und Weltbezugs

Wenn das Suchen und Sichtrennen so weit fortgeschritten ist, dass es nicht mehr die ganze Energie des Trauernden in Anspruch nimmt, tritt er in ein Stadium ein, das den Abschluss der Trauerarbeit einleitet: die Phase des neuen Selbst- und Weltbezugs. Der Verlust ist nun weitgehend akzeptiert, so dass Lebensmuster aufgegeben werden können, die am Verstorbenen orientiert waren. Der Verlustschmerz ist abgeklungen, neue Beziehungen, Rollen, Verhaltensmöglichkeiten und Lebensstile werden erschlossen.

Allerdings zeugt auch und gerade die vierte und letzte Phase der Trauer davon, dass Trauer in gewissem Sinn nie aufhört (vgl. 1.2). Bestimmte Tage, die für den Trauernden und den Verstorbenen von besonderer Bedeutung waren, werden Erinnerungen hervorrufen und dadurch den Trauerschmerz wieder aufleben lassen. Solche Tage können Geburts- und Hochzeitstage, das Weihnachtsfest sowie der Todestag sein. Bei vielen Menschen, die einen schweren Verlust zu durchleiden hatten, bleibt eine erhöhte Sensibilität für Verlusterlebnisse im Allgemeinen zurück. Selbst die Suche nach dem geliebten Toten hört nie wirklich auf. So suchen und finden viele Trauernde ihre Toten noch nach Jahren im Traum (vgl. 2.1.3). In oft messerscharfen Bildern werden die Verstorbenen wieder gegenwärtig und hinterlassen nach dem Erwachen das Gefühl einer tatsächlichen menschlichen Begegnung. Auch die Suche an realen Orten wird nicht einfach bedeutungslos. Solche Erfahrungen und Verhaltensweisen haben mit krankhafter Trauer nichts zu tun. Sie zeigen nur, dass Trauernde immer noch eine Beziehung zu den Verstorbenen haben, dass sie ihnen immer noch etwas bedeuten und ihnen daher auch immer noch fehlen. Demensprechend kann es auch nicht das Ziel der Trauerbegleitung sein

„die Trauersymptomatik vollständig zu beenden. Bei der Arbeit mit Trauernden steht die Integration des Verlustes in das Leben der Hinterbliebenen im Vordergrund. Das heißt, es liegt in der Natur des Verlusts einer nahestehenden Person, dass die Trauer vielleicht immer wieder auftaucht und der Tod des Menschen nach wie vor schmerzhaft sein kann" (Wagner 2019, 10).

Für alle diese Formen des Wiederauflebens von Trauer gilt freilich, dass sie sich nicht mehr in der ursprünglichen Intensität vollziehen. Von einem „Rückfall" in frühere Trauerphasen sollte daher nicht gesprochen werden; einer gelungenen Trauerarbeit tun solche Erfahrungen keinen Abbruch. Wichtig ist nur, dass der Verstorbene für den Trauernden inzwischen, wie Verena Kast sagt, zu einer „inneren Figur" geworden ist, d. h., „dass der Trauernde den Verstorbenen als ein Art inneren Begleiter erlebt, der sich auch wandeln darf" (Kast 2000, 83). Damit ist Folgendes gemeint: Die Beziehung zum Verstorbenen muss in den Prozess der Trauerarbeit eingebunden werden und an ihm teilnehmen. Auf diese Weise wird es beispielsweise möglich, dass die wehmütigen Erinnerungen an den Verstorbenen mehr und mehr Freude und Dankbarkeit Platz machen können. D. Bonhoeffer beschreibt diesen Prozess auf eindringliche Weise: „Je schöner und voller die Erinnerungen, desto schwerer die Trennung. Aber die Dankbarkeit verwandelt die Qual der Erinnerung in eine stille Freude. Man trägt das vergangene Schöne nicht wie einen Stachel, sondern wie ein kostbares Geschenk in sich" (zit. nach Schnelzer 2013, 125).

Das Gegenteil einer solchen positiven Entwicklung wäre die Verinnerlichung der verlorenen Person auf eine Weise, die sich gerade nicht wandeln kann. Man spricht hier von Inkorporation oder Einverleibung: Der Verstorbene wird gleichsam verschluckt und als erstarrter innerer Fremdkörper konserviert; er wird zum „frozen introject" (P. L. Giovacchini), d. h. zu einem erstarrten psychischen Implantat ohne die Fähigkeit, am Trauerprozess teilzunehmen.

Eine gesunde Beziehung zum Verstorbenen ist also wandelbar, dennoch gilt, auch und gerade wenn der Trauerprozess auf eine gesunde Weise abgeschlossen wurde: Der Verstorbene ist bleibend als „innere Repräsentation" oder „Objektrepräsentanz" in das Seelenleben des Trauernden eingebunden; die Beziehung zu ihm bleibt bestehen und soll auch bestehen bleiben. Damit wären wir am psychologischen Ort jeglichen *Totengedenkens,* gleichgültig, in welcher Form es sich vollzieht, angelangt.

Diese Sicht deckt sich mit den bereits beschriebenen Einsichten der *Trauerpsychologie,* die herausgestellt hat, dass fortdauernde Bindungen an den Verstorbenen ein häufiges, gesundes und dauerhaftes Element in der Bewältigung von Trauer sind (vgl. 1.4; 2.1.3). Der Sinn der Trauer besteht demnach darin, die Biographie des Toten dauerhaft mit der Biographie der Lebenden in Verbindung zu bringen. Auf diese Weise kann es dem Hinterbliebenen gelingen, „die Erinnerungen an den Toten und seine fortgesetzten Interaktionen mit dem Toten in sein Leben zu integrieren" (Klass 2000, 71). Anders gesagt: Das Ziel des Trauerprozesses besteht darin, in eine lebendige, wechselseitige Beziehung mit dem Verstorbenen einzutreten. Dementsprechend ist nicht etwa die vollständige gefühlsmäßige Ablösung vom Verstorbenen ein Kennzeichen für eine gelungene Trauerarbeit, sondern die Qualität der Beziehung zu ihm. Das bedeutet: Je mehr positive Gefühle der Hinterbliebene dem Verstorbenen entgegenbringen kann und je mehr Trost er aus dieser Beziehung erfährt, desto mehr kann man von der Bewältigung eines Verlustes sprechen. Insofern kann die letzte Phase der Trauer auch mit „Aufbau einer neuen Beziehung zum Verstorbenen" (vgl. Grün 2014, 47 ff.) überschrieben werden.

2.2.3 Zur religionspsychologischen Bedeutung der Trauerphasen

Wenn von Tod und Trauer gesprochen wird, und davon, wie diese bitteren Realitäten bewältigt werden können, drängt sich die Frage nach dem psychologischen Stellenwert religiöser Überzeugungen auf, denn wir stehen vor der unbestreitbaren Tatsache, dass Tod und Religion in einem grundlegenden Zusammenhang stehen; seit jeher erhoffen sich Menschen von der Religion die Überwindung von Trauer und Todesangst durch die Hoffnung auf ein Leben nach dem Tod; diese Hoffnung kann sogar als der Kern der Religion gelten: „Wenn der Tod nicht wäre, gäbe es keine Religion" (Ludwig Feuerbach, 1804–1872).

Selbstverständlich kann und soll an dieser Stelle die theologische Frage, ob das von den Religionen Behauptete wahr ist oder nicht, d. h., ob es ein Leben nach dem Tod gibt oder nicht, weder gestellt noch beantwortet werden. Dies ist der persönlichen religiösen Überzeugung überlassen. Dennoch bleibt die *psychologische* Frage, wie der Trauerprozess bei religiösen Menschen verläuft bzw. ob religiöse Überzeugungen eine Hilfe bei der Trauerbewältigung sein können. Sollte sich nämlich zeigen, dass solche Überzeugungen als hilfreich erlebt werden, würde es einen nicht zu begründenden Verzicht auf Hilfsmöglichkeiten bedeuten, wenn diese Perspektive in der Trauerbegleitung ausgeblendet würde. Zumindest wäre es nicht zu verantworten, religiösen Menschen ihre Hoffnung als für den Trauerverlauf schädlich auszureden, wie dies gelegentlich geschieht (vgl. Schnelzer 2013, 115 f.). Wir werden sehen, dass dies unabhängig davon gilt, wie der Trauerbegleiter über religiöse Fragen denkt (vgl. 4.1.2.2.1).

Um in diesem Punkt Klarheit zu gewinnen, sollen die oben beschriebenen Phasen der Trauer noch einmal in ihrer religiösen Dimension betrachtet werden. Da die europäische Kultur- und Geistesgeschichte nach wie vor vom Christentum entscheidend geprägt ist, soll dies mit Bezug auf die christliche Tradition geschehen (vgl. Schnelzer 2002, 203 ff.; 2005, 28 ff.; 2013, 117 ff.). Weil jedoch alle Religionen ein Leben nach dem Tod bejahen, sind diese immer auch mitgemeint:

- Die Phase des Nicht-wahrhaben-Wollens

Das Durchlaufen dieser ersten Phase ist die notwendige Voraussetzung dafür, dass die Trauerarbeit beginnen kann, und ist damit *jedem* Menschen, der von einem Todesfall betroffen ist, aufgegeben. Das bedeutet: Der Gläubige wie der Nichtgläubige sind vor die Aufgabe gestellt, den Verlust eines geliebten Menschen in seiner Tragweite zu erfassen. Es gibt allerdings Hinweise darauf, dass bei religiösen Menschen der Gedanke an den Tod *generell* stärker im Bewusstsein ist als bei nicht oder wenig religiösen Menschen. Dies legt zumindest die Vermutung nahe, dass sich religiöse Menschen leichter damit tun, die erste Trauerphase zu durchleben.

In besonderem Maße gilt dies für die christliche Religion, in deren Zentrum das Todeszeichen des Kreuzes sowie der Glaube an die Auferstehung der Toten steht, mit dem der Wahrheitsanspruch des Christentums steht und fällt. Konkret bedeutet das „Der Christ kann und darf den Tod nicht verdrängen" (G. Greshake).

- Die Phase der aufbrechenden Gefühle

In diesem Stadium der Trauer kann gerade der christliche Glaube unterstützend wirken, indem er Klage und Anklage zulässt und zu deren Ausdruck ermutigt.

Dies hängt mit seiner besonderen Sichtweise des Todes als Folge der Sünde zusammen, d. h. als etwas zutiefst Negatives, gegen das sich der menschliche Lebenswille zur Wehr setzt. Entgegen anders lautenden Behauptungen ist der christliche Glaube dementsprechend nicht dazu angetan, Trauer durch Vertröstungen oder gar Verbote zu unterdrücken und damit den Trauerverlauf zu behindern. Im Gegenteil: In der Bibel, die die verbindliche Grundlage für die christliche Religion darstellt, findet sich eine ganze Reihe von Menschen, die ihre Klage zulassen und vor Gott bringen und so als Vorbilder und Identifikationsfiguren für alle Trauernden dienen können: die Beter der Klagepsalmen, die Gestalt des Hiob, insbesondere aber Jesus von Nazareth, der um seinen Freund Lazarus weint, am Ölberg Angst und Trauer erlebt und schließlich, am Kreuz hängend, seinen Schmerz und seine Verlassenheit herausschreit.

- Die Phase des Suchens und Sichtrennens

Die Prozesse des Suchens des Verstorbenen und der Auseinandersetzung mit ihm, wie sie für diese Phase typisch sind, sind häufig von religiösen Fragestellungen begleitet, und zwar auch bei solchen Menschen, die bislang keine religiösen Interessen gezeigt haben. Dieses Stadium kann daher geradezu als *Phase der aufbrechenden religiösen Fragen* gelten. Diese Fragen beziehen sich auf das Leben der Toten, die Möglichkeit der Weiterführung der Beziehung zu ihnen sowie die Aussicht auf ein Wiedersehen.

Zunächst steht außer Frage, dass der Glaube an ein Leben nach dem Tod eine tröstende Antwort auf diese Fragen geben kann (vgl. 1.4). Er kann aber auch dazu verhelfen, beunruhigende Erlebnisse als trostreiche Erfahrungen zu würdigen. Wie schon dargelegt (vgl. 2.1.3), erfahren viele Trauernde in Träumen und sog. Nachtoderlebnissen die Nähe ihrer Verstorbenen. Zweifellos sind solche Erfahrungen immer auch Ausdruck der tiefen Sehnsucht nach ihnen. Über deren religiösen Wert ist damit noch nichts entschieden. Zunächst steht die Psychologie vor der Tatsache, dass zahlreiche Trauernde – dies ergaben verschiedene wissenschaftliche Untersuchungen – ihre Verstorbenen auf vielfältige Weise wahrnehmen. Solche „Erscheinungen" können über mehrere Jahre hin erlebt werden. Die Hinterbliebenen sprechen nur ungern darüber, aus Angst, man könnte sie für psychisch krank halten. Dies ist freilich nur ganz selten der Fall. Meist liegen keine krankhaften Halluzinationen vor, und solange solche Erfahrungen nicht mit chronischem sozialen Rückzug, Isolation von der Außenwelt und Realitätsverlust verknüpft sind, sollte man sie nicht als Ausdruck ins Stocken geratener Trauerarbeit ansehen (vgl. 2.1.3). Dass im Rahmen eines religiösen Weltbildes, das von einem Leben nach dem Tod überzeugt ist, ohne weiteres davon ausgegangen werden kann, dass solche Erlebnisse realer, d. h. nicht nur psychologischer Natur sind, versteht sich von selbst.

- Die Phase des neuen Selbst und Weltbezugs

Die letzte Phase der Trauer ist nicht zuletzt durch die „innere Figur" im Sinne einer bleibenden seelischen Verbundenheit mit dem Verstorbenen gekennzeichnet. Der religiöse Glaube an ein Leben nach dem Tod kann diese Sichtweise mühelos aufgreifen, indem er betont: Die bleibende Beziehung zu den Toten ist nicht nur innerseelisch, sondern ganz real. Der Glaube wird so zur Basis und Rechtfertigung für die Weiterführung der Beziehung zu den Toten sowie für ein sinnvolles Totengedenken. Es lässt sich daher sagen: Christen erinnern sich an die Toten, aber nicht, damit sie leben, sondern weil sie leben.

An dieser Stelle wird noch einmal deutlich: Der religiöse Glaube stellt, und zwar rein psychologisch gesehen (!), keine Behinderung, sondern eine Hilfe im Trauerprozess dar. Dies konnte auch von wissenschaftlichen Untersuchungen bestätigt werden (vgl. 1.4). Eine religiöse Einstellung erweist sich damit als Ressource zur Bewältigung von Verlustkrisen. In meinem Buch „Trauernde trösten" (2005) habe ich die religiöse Dimension von Trauer und Trauerbegleitung ausführlicher dargelegt (vgl. Schnelzer 2013, 130 ff.).

2.3 Aufgaben der Trauer

2.3.1 Zur Bedeutung von Traueraufgaben

Da der Begriff der Trauerphasen das Missverständnis nahelegt, dass Trauern ganz von selbst geschieht, hat J. William Worden (1986/2011) vorgeschlagen, besser von *Traueraufgaben* zu sprechen. Auf diese Weise werde eher deutlich, dass ein Trauernder, wenn er einen schmerzlichen Verlust zu bewältigen hat, aktiv handeln kann und muss, wie dies auch Freuds Verständnis von Trauer als Trauerarbeit besagt (vgl. 1.3). Phasen und Aufgaben der Trauer hängen jedoch eng zusammen: Die Aufgaben der Trauer sagen uns ganz konkret, welche Anforderungen wir erfüllen müssen, damit es uns gelingt, die Phasen der Trauer zu durchlaufen und einen Abschluss unserer Trauerarbeit zu erreichen. Demjenigen, der einem Trauernden helfen möchte, geben sie den Hinweis, dass Trauerbegleitung darin besteht, ihn bei der Erfüllung dieser Aufgaben zu unterstützen.

Wir wollen die Aufgaben, die uns die Trauer stellt, im Folgenden näher erläutern und dabei auch Hinweise geben, wie sie sinnvoll angegangen werden können – sei es als Helfer oder als Betroffener (vgl. Schnelzer 2005, 39 ff.).

2.3.2 Die einzelnen Traueraufgaben

2.3.2.1 Den Verlust als Realität akzeptieren

- Beschreibung der Aufgabe

Die Trauerarbeit kann erst beginnen, wenn der Trauernde realisiert hat, dass der geliebte Mensch tot ist und nicht zurückkehrt. Dass Verstand und Gefühl dabei keineswegs im Gleichschritt gehen, habe ich schon erwähnt (vgl. 2.2.2.1). Oft dauert es Monate, bis der Trauernde in seine Gefühlswelt hinein erfasst hat, was geschehen ist. Diese erste Traueraufgabe richtet sich gegen alle Versuche, die Realität des Verlustes zu verleugnen. Eine extreme, schon krankhafte Form einer solchen Verleugnung, das einem Scheitern an der ersten Traueraufgabe gleichkommt, ist die *Mumifizierung:* Das Nicht-wahrhaben-Wollen, das am Beginn des Trauerprozesses nur zu verständlich ist, verhärtet sich in einer Weise, dass z. B. auch nach langer Zeit an der Hinterlassenschaft des Verstorbenen nichts verändert wird, so als ob jeden Moment damit zu rechnen sei, dass er wieder zurückkehrt. Andere tun so, als sei der Tote noch am Leben, indem sie für ihn kochen, Besorgungen machen und dergleichen. In diesen Fällen wird der Verlust als Tatsache verleugnet; sie sind leicht als problematisch erkennbar. Anders liegen die Dinge, wenn der Verlust zwar als Tatsache anerkannt, in seiner gefühlsmäßigen Tragweite aber heruntergespielt wird. Dies geschieht häufig in der Weise, dass die positive Qualität der Beziehung zum Verstorbenen infrage gestellt wird; man versucht sich zu trösten, indem man sich einredet, dass man ja eigentlich keinen wirklich schweren Verlust erlitten hat („Wir haben keine gute Ehe geführt"). Diese Strategie verkennt, dass auch in schwierigen zwischenmenschlichen Beziehungen eine starke Bindung besteht.

- Konkrete Hilfestellungen

Als Hilfen zur Bewältigung der ersten Traueraufgabe können alle Situationen gelten, die den Trauernden mit der Wirklichkeit des Todes konfrontieren. Wenn wir beispielsweise längere Zeit mit einem todkranken Menschen in Kontakt stehen, erleben wir auf eine sehr schmerzliche Weise Schritt für

Schritt, wie seine Lebenskraft immer mehr versiegt. Indem wir diesen Prozess wahrnehmen, werden uns die Schwere der Krankheit sowie der Tatsache bewusst, dass diese Krankheit tödlich sein wird.

Insbesondere wenn wir beim Eintritt des Todes selbst anwesend sind, also miterleben, wie Atmung und Herzschlag langsam aussetzen, kann uns dies dabei helfen, die Wirklichkeit des Todes zu begreifen. Dies gilt umso mehr, wenn wir bei einem Toten noch ein wenig verweilen. Wir können dann nicht nur spüren, dass der tote Körper erkaltet, sondern erleben auch, dass der Verstorbene, obwohl als Körper präsent, auf eine eigentümliche Weise abwesend ist. Immer mehr setzt sich der in seiner Unausweichlichkeit bittere und schmerzvolle Eindruck fest, dass eine ursprüngliche Einheit aus Leib und Seele aufgehört hat zu bestehen.

Diese Erfahrung ist für den Trauerprozess so wichtig, dass man, sofern es nicht möglich war, beim Sterben anwesend zu sein, den Toten noch einmal sehen, ihm noch einmal begegnen sollte. Die Erwartung einer solchen Begegnung erfüllt uns allerdings mit Angst. Diese Angst steht oft im Hintergrund, wenn sich jemand mit dem Hinweis, er wolle den Verstorbenen so in Erinnerung behalten, wie er gewesen sei, dieser Begegnung entziehen möchte. Man fürchtet sich vor der Konfrontation mit dem Toten als vor einem schrecklichen, möglicherweise traumatischen Erlebnis, zugleich aber auch davor, dass durch die Begegnung mit dem Toten alle Abwehr und Verleugnung zusammenbrechen. Tatsächlich jedoch machen Menschen immer wieder die Erfahrung, dass diese Begegnung keineswegs schockierend ist, sondern vielmehr dabei hilft, die Wirklichkeit des Verlustes zu begreifen.

- Zur Bedeutung von Ritualen (vgl. 4.3)

Auch wenn wir an der Trauerfeier und am Begräbnis teilnehmen, unterstützt uns dies dabei, die erste Traueraufgabe zu erfüllen. Diese und andere *Rituale,* bei denen ein Todesfall formell anerkannt und in Gemeinschaft betrauert wird, verstärken die Wirklichkeit des Todes. Doch auch für den Fall, dass es nicht möglich war, an Trauerfeier und Begräbnis teilzunehmen, besteht die Möglichkeit, für sich selbst von dem Verstorbenen Abschied zu nehmen. Dies kann auf eine ganz *individuelle Weise* geschehen. (Dabei gilt es zu betonen, dass die folgenden Vorschläge auch dann eine sinnvolle und hilfreiche Auseinandersetzung mit dem Verstorbenen ermöglichen, wenn die Möglichkeit, vom Verstorbenen Abschied zu nehmen, gegeben war).

So können wir Orte aufsuchen, die eine besondere Bedeutung für uns oder den Verstorbenen hatten: Wenn wir einen lieben Schulfreund verloren haben, können wir den früheren gemeinsamen Schulweg noch einmal abgehen, uns so an ihn erinnern und uns zugleich von ihm verabschieden. Wir können aber auch eine Kirche besuchen, für den Verstorbenen ein Gebet sprechen und eine Kerze entzünden. Weitere Möglichkeiten bestehen darin, das Lieblingsbuch des Verstorbenen zu lesen, seine Lieblingsmusik zu hören oder einen Brief an ihn zu schreiben. Einen solchen Brief kann man an einem besonderen Ort verwahren oder auch in einer kleinen Zeremonie verbrennen. Dabei werden wir spüren, dass dies alles viel mehr bedeutet, als sich nur von einem lieben Menschen zu verabschieden. Zugleich erfahren wir so die Trauer und den Schmerz darüber, dass dieser Mensch nicht mehr da ist. Sicher werden uns die Tränen kommen, wenn wir die Musik des Verstorbenen hören oder wenn wir an ihn einen Brief schreiben, von dem wir wissen, dass er ihn in dieser Welt nicht mehr erreicht. Dies bedeutet aber nichts anderes, als dass wir schon die zweite Aufgabe der Trauer, die ich gleich näher beschreibe, angehen, indem wir die Tatsache des Verlustes auf diese Weise auch emotional an uns heranlassen.

Was die Hilfen bei der Bewältigung sämtlicher Traueraufgaben anbelangt, kommt dem *Gespräch* eine Sonderstellung zu, und zwar *durch den ganzen Trauerprozess hindurch*. So ist es auch für die Realisierung des Verlustes von erheblicher Bedeutung, und zwar in Gestalt des *Gesprächs über den Verstorbenen*. Der Trauernde sollte es suchen, und derjenige, der ihm beistehen möchte, sollte es anbieten. Zunächst ist es dem Trauernden ein tiefes emotionales Bedürfnis, über den Verstorbenen zu sprechen. Indem der Trauernde das zur Sprache bringt, was man als seine ganz persönliche Geschichte mit dem Verstorbenen bezeichnen könnte, gelingt es ihm aber auch immer besser, das Geschehene wirklich zu begreifen.

Gesprächspartner müssen keineswegs immer professionelle Berater, Psychotherapeuten oder Seelsorger sein. Auch einfühlsame Laien und nicht zuletzt der Bestatter können diese Aufgabe übernehmen. Entscheidend ist es allerdings, dass dieser Gesprächspartner wirklich bereit ist, sich der Trauer eines anderen Menschen auszusetzen und ernsthaft an seiner Gesprächsführungskompetenz arbeitet. Wir kommen darauf noch ausführlich zu sprechen (vgl. 4.1).

2.3.2.2 Den Trauerschmerz erfahren

- Beschreibung der Aufgabe

Indem sich ein Trauernder der ersten Traueraufgabe stellt, geht er zugleich die zweite an: das Durchleben des Trauerschmerzes. Beide bedingen sich gegenseitig; je entschiedener der Trauernde die Wirklichkeit des Todes anerkennt, desto stärker erfährt er den Schmerz über seinen Verlust, und je stärker er diesen Schmerz erfährt, desto unerbittlicher drängt sich ihm die Tatsache auf, dass der Betreffende wirklich tot ist. In jedem Fall müssen die schmerzhaften Empfindungen, die sich nach dem Nachlassen von Schock und Erstarrung einstellen, anerkannt, zugelassen und durchlebt werden. Alles, was dem im Wege steht, behindert einen gesunden Trauerprozess und schafft die Voraussetzungen für problematische Trauerverläufe.

Verständlicherweise möchte der Trauernde dieser Traueraufgabe ausweichen. Was wehtut, meiden wir, und vielen „gelingt" es tatsächlich, den Trauerschmerz eine gewisse Zeit zu unterdrücken. Nicht zuletzt erfreut sich dieses Verhalten auch erheblicher sozialer Verstärkung: Der „gefasste" Trauernde erfährt von allen Seiten Lob und Anerkennung, während es als unerwünscht und demoralisierend gilt, Trauer offen zu zeigen. Oft wird dem Trauernden sogar die Berechtigung zum Trauern abgesprochen, so wenn ihm das Gefühl vermittelt wird, er müsse über den Verlust doch schon hinweg sein, oder wenn man ihn mit dem Gedanken konfrontiert, dass der Verstorbene sicher nicht möchte, dass so lange um ihn geweint wird. Dass diese Bedingungen die Tendenz, dem Trauerschmerz auszuweichen, noch verstärken, versteht sich von selbst.

Die Strategien, die Trauernde zu diesem Zweck selbst anwenden, sind ganz unterschiedlich: Manche fliehen in die Empfindungslosigkeit und verharren in der Erstarrung, die für den Beginn des Trauerprozesses kennzeichnend ist. Andere stürzen sich in rastlose Aktivitäten (Beruf, Freizeit), um sich abzulenken, oder entfernen sämtliche Gegenstände aus ihrem Blickfeld, die an den Verstorbenen erinnern und so den Trauerschmerz hervorrufen (vgl. 2.1.4). Wiederum andere versuchen, diesen Schmerz durch Alkohol und Medikamente zu betäuben. Letztlich sind alle diese Maßnahmen jedoch zum Scheitern verurteilt. Der Trauerschmerz kann auf diese Weise wohl unterdrückt, niemals aber zum Verschwinden gebracht werden. Vielmehr türmt er sich auf und macht sich zur Unzeit auf ungute Weise bemerkbar. Viele, die in krankhafte Trauer verfallen sind, sind an der zweiten Traueraufgabe gescheitert (vgl. 3).

- Konkrete Hilfestellungen

Trauernde brauchen in diesem Stadium einen Gesprächspartner, der ihnen gerade nicht den Eindruck vermittelt, stark sein zu müssen. Vielmehr sollte er sämtliche Gefühle des Trauernden zulassen und respektieren und darüber hinaus zu deren Ausdruck ermutigen. Daher erweist sich das *Gespräch über die Trauergefühle* als besonders wichtig. Dem Trauernden sollte vorbehaltlose Gesprächsbereitschaft zugesichert werden, d. h., es gilt, ihm Folgendes zu vermitteln: „Ich bin jederzeit bereit, mit dir über deine Trauer zu sprechen. Du darfst deine Gefühle äußern und brauchst dich ihrer nicht zu schämen. Ich werde versuchen, dich zu verstehen, obwohl ich nicht in der Weise betroffen bin wie du".

Es liegt auf der Hand, dass solche Gespräche dazu führen, die schmerzhaften Trauergefühle erneut akut hervorbrechen zu lassen. Viele Trauernde versuchen daher, ihnen auszuweichen. Dem Trauernden sollte daher versichert werden, dass diese Gespräche trotzdem, oder vielmehr gerade deshalb sinnvoll sind, da sie dabei helfen können, eine Trauererfahrung zu verarbeiten. Gelingt es dem Trauernden, seinen Schmerz vor diesem Hintergrund zu sehen, vermag er zu erkennen wie wichtig es für ihn ist, Verzweiflung, Zorn und Schuldgefühle zu empfinden, zu klagen und zu weinen sowie darüber zu sprechen, wie schlecht es ihm geht.

Was Hilfestellungen bei der zweiten Traueraufgabe anbelangt, sei auch erwähnt, dass das, was bei der Realisierung des Verlusts hilft, auch den Trauerschmerz aktivieren kann: Das Abschiednehmen vom Verstorbenen, die Teilnahme an der Trauerfeier sowie die verschiedenen Abschiedsrituale (vgl. oben).

2.3.2.3 Ohne den Verstorbenen leben lernen

- Beschreibung der Aufgabe

Die dritte Traueraufgabe gestaltet sich als ein ausnehmend vielschichtiges Geschehen. Innerpsychisch besteht sie in der schrittweisen Neuorganisation der Beziehung zum Verstorbenen, wie wir sie im Rahmen der dritten Phase der Trauer beschrieben haben: Die vielgestaltige „Suche" nach dem Verstorbenen macht ihn einerseits auf eine neue Weise gegenwärtig. Auf der anderen Seite geht dieser Prozess einher mit der Einsicht des Hinterbliebenen, dass er in der „äußeren", realen Welt ohne den Verstorbenen auskommen muss. Die dritte Traueraufgabe besteht demnach darin, ohne den Verstorbenen leben zu lernen.

Die Tragweite dieser Aufgabe wird dem Trauernden insbesondere dann bewusst, wenn er sich darüber klar geworden ist, welche *Rollen* der Verstorbene in seinem Leben eingenommen hat. Der Trauernde vermisst nämlich niemals nur den geliebten Menschen, sondern auch seine von ihm eingenommenen Rollen im Sinne von konkreten Aufgaben, die im Alltag von diesem regelmäßig erfüllt worden sind. Da die Rollenproblematik insbesondere bei *Partnerverlust* ins Gewicht fällt, soll darauf im Folgenden näher eingegangen werden.

Exkurs: Partnerverlust und Rollenstruktur

Partnerverlust ist immer auch der Verlust einer etablierten die „äußere" Welt betreffenden *Rollenstruktur*. Um die dritte Traueraufgabe zu bewältigen, ist es daher notwendig, sich einen Überblick zu verschaffen, welche Rollen der Verstorbene innehatte und welche Rollen nun verwaist sind. Ist dies geschehen, gilt es, Wege zu finden, diese Rollen, soweit möglich, wieder zu besetzen. Wie schwer sich die dritte Traueraufgabe gestaltet, ist ganz unterschiedlich, denn dies ist auch abhängig von der Anzahl sowie der Bedeutsamkeit der Rollen, die der Verstorbene gespielt hat.

Vor diesem Hintergrund können wir verstehen, warum gerade der *Verlust des Lebenspartners* den Trauernden vor eine sehr schwierige Aufgabe stellt. Wenn zwei Menschen über Jahre hinweg in einer Paarbeziehung leben, bildet sich mit der Zeit eine recht komplexe Rollenstruktur heraus, die eine Aufteilung der Verantwortlichkeiten bedeutet. So sieht es die traditionelle Rollenverteilung vor, dass sich der männliche Partner um sämtliche finanziellen Angelegenheiten kümmert, während der weibliche Partner für Haushalt und Kinder sorgt. Andere Paare durchbrechen solche überkommenen Rollenmuster, doch auch in diesem Fall übernimmt jeder Partner schwerpunktmäßig bestimmte Aufgaben. Wenn einer von beiden stirbt, bleiben sie unerledigt. Auf diese Weise wird der hinterbliebene Partner immer wieder schmerzlich an den Verlust erinnert. So kommt die Frau möglicherweise mit der Steuererklärung und Versicherungsangelegenheiten nicht zurecht, während sich der Mann in Haushaltsführung und Kindererziehung als hilflos erlebt.

Ungünstig auf den Trauerverlauf wirken sich einseitige Rollenverteilungen aus. So ist mit einer sehr starken Trauerreaktion zu rechnen, wenn ein Partner stirbt, der sehr viele Rollen auf sich vereint hat. Er lässt in der Regel einen hilflosen und daher auf verschärfte Weise Trauernden zurück.

Nachdem der Hinterbliebene die Rolle des Verstorbenen erfasst hat und sich so der Lücken bewusst geworden ist, die sein Tod gerissen hat, gilt es Wege zu entdecken, durch die diese Lücken geschlossen werden können. Einige Rollen können mit Sicherheit ohne größere Schwierigkeiten selbst übernommen bzw. an andere delegiert werden. So kann der hinterbliebene männliche Partner ohne weiteres die Einkäufe erledigen, für die die Partnerin zuständig war; sollte er im Haushalt nicht versiert sein, kann er sich vielleicht stundenweise eine Haushaltshilfe nehmen. Dennoch hinterlässt ein Verstorbener immer Lücken, die nicht in dieser Weise aufzufüllen sind. Diese Einsicht wirft den Hinterbliebenen wieder auf die beiden ersten Traueraufgaben zurück. Er erhält so aber die Gelegenheit, sich noch einmal zu vergegenwärtigen, dass der Verstorbene nicht mehr wiederkehrt, sich dem Trauerschmerz zu stellen und sich dessen bewusst zu werden, dass er ohne den Verstorbenen leben muss.

- Konkrete Hilfestellungen

Hilfe bei der dritten Traueraufgabe können *Gespräche* bringen, die die komplexen Vorgänge, die sich in der dritten Phase der Trauer vollziehen, unterstützen und begleiten.

Dabei gilt es zunächst, sich auf die vielfältige innerpsychische „Suche" nach dem Verstorbenen einzulassen, sie ernst zu nehmen und als normales Trauerverhalten verständlich zu machen. Dem bleibenden Vermächtnis des Verstorbenen wird ein besonderer Stellenwert zukommen, ebenso der Arbeit an einer persönlichen Beziehung zu ihm. Auch religiöse Fragen des Trauernden sollten vorkommen dürfen und wertschätzend aufgegriffen werden.

Auch die äußere Rollenstruktur, in die der Hinterbliebene und der Verstorbene eingebunden waren, soll gemeinsam im Gespräch geklärt werden, ebenso die Frage, wie es gelingen kann, die Rollen, die neu besetzbar sind, auch entsprechend auszufüllen. Hier leistet ein Gesprächspartner echte Trauerhilfe, wenn er einem Trauernden lebenspraktische Hilfe zukommen lässt (z. B. Hilfe bei finanziellen und rechtlichen Fragen, Haushaltsführung, Kindererziehung usw.) oder ihn an Personen oder Institutionen verweist, wo er entsprechende Unterstützung bekommen kann (Erziehungsberatung, allgemeine Sozialberatung).

2.3.2.4 Gefühle in neue Beziehungen einsetzen

- Beschreibung der Aufgabe

Die vierte und letzte Aufgabe der Trauer wurde oft in einer verkürzenden Weise beschrieben bzw. missverstanden: Der Trauernde müsse sich von dem Verstorbenen gefühlsmäßig ablösen und die so freiwerdende emotionale Energie in eine neue Beziehung einsetzen. Gelingt dies, so heißt es, sei der Abschluss der Trauerarbeit erreicht. Dass diese Sicht einseitig ist, geht aus unserer Beschreibung der vierten und letzten Phase der Trauer hervor (vgl. 2.2.2.4). In der Tat klingt der Verlustschmerz in seiner Intensität irgendwann ab, und es wird wieder möglich, sich Welt und Mensch zuzuwenden. Das bedeutet: Er wird wieder fähig, zu lieben, zu arbeiten und zu genießen (S. Freud). Da jedoch die Liebe zum Verstorbenen nie aufhört, tut dies auch die Trauer nicht. Die Beziehung zum Verstorbenen muss betrauert werden, und im Zuge dieses Prozesses verändert sich diese Beziehung; doch bleibt sie durch all diese Veränderungen hindurch bestehen, und das ist auch gut so: „Der Sinn ... des Trauerns besteht weder darin, die verstorbene Person zu vergessen noch die Wichtigkeit der Beziehung zu ihr herunterzuspielen. Das Trauern dient vielmehr dazu, den Großteil des Schmerzes über den Verlust zu überwinden" (Kelley 2001, 89). William J. Worden selbst hat vor dem Hintergrund solcher Einsichten die vierte Traueraufgabe inzwischen neu formuliert. Sie lautet jetzt: „Eine dauerhafte Verbindung zu der verstorbenen Person inmitten des Aufbruchs in ein neues Leben finden" (Worden 2011, 56). Das bedeutet: Die Fähigkeit, neue Beziehungen einzugehen, entsteht nicht dadurch, dass der Verstorbene aufgegeben wird; vielmehr wird dies dadurch möglich, dass dem Verstorbenen ein neuer Ort im Inneren der Seele gegeben wird, der aber zugleich Raum für neue Beziehungen lässt. Dementsprechend besteht die Aufgabe des Trauerbegleiters nicht darin, trauernde Menschen darin zu bestärken, ihre Beziehung zu der toten Person aufzugeben, sondern darin, sie zu ermutigen, „der gestorbenen Person in ihrem Leben einen angemessenen Platz einzuräumen, der sie in die Lage versetzt, selbst positiv weiterzuleben" (Worden 2011, 57).

Manche Menschen empfinden gerade aufgrund derartiger „Fortschritte" im Trauerprozess Schuldgefühle, als seien diese ein Indiz dafür, dass sich ihre Liebe zum Verstorbenen verflüchtigt hätte. Es ist jedoch wichtig, diese Veränderungen positiv zu würdigen: als einen heilsamen Wandel der stets bleibenden Beziehung zum Verstorbenen, der es sogar irgendwann einmal ermöglichen wird, im Falle des Partnerverlustes wieder eine neue Liebesbeziehung einzugehen. Dieses Stadium muss freilich auch tatsächlich erreicht sein. Gerade Männer neigen dazu, sich in eine neue Beziehung zu stürzen, ohne dass der Trauerprozess in ausreichendem Maße fortgeschritten wäre, doch haben solche Verbindungen kaum Zukunft: Aufgrund der ungenügend verarbeiteten Trauer wird der neue Partner bewusst oder unbewusst mit dem Verstorbenen verglichen. Es liegt auf der Hand, dass der Lebende den Vergleich mit dem – idealisierten – Verstorbenen niemals aushält.

- Konkrete Hilfestellungen

Das *Gespräch* mit einem Trauernden, der dabei ist, die vierte und letzte Traueraufgabe anzugehen, sollte der Beziehung zum Verstorbenen und den Veränderungen, die diese Beziehung erlebt hat, Raum geben. Dabei sollte die religiöse Ebene, sofern diese vom Trauernden angesprochen wird, vorkommen dürfen. Da der Trauerprozess bereits rein psychologisch auf den Aufbau einer neuen Beziehung zum Verstorbenen hinsteuert (vgl. 2.2.2.4), ist stets damit zu rechnen, dass die Frage nach einem nachtodlichen Leben zur Sprache kommt. Deshalb sollte der Trauerbegleiter in der Lage sein, sich auf diese Ebene einzulassen.

Wenn sich zeigt, dass der Trauernde ein Stadium erreicht hat, das es ihm ermöglicht, wieder eine neue Partnerbeziehung einzugehen, sollte er dazu ermutigt werden. Lässt er dagegen erkennen, dass für ihn solche Pläne noch in weiter Ferne sind, gilt es, dies in jedem Fall zu respektieren. Grundsätzlich gilt es, den Trauernden zu ermutigen das zu tun, was er gemäß dem Stand seiner Trauer wieder tun möchte. Dies gilt etwa auch für Urlaubs- und Freizeitaktivitäten.

Phasen und Aufgaben der Trauer lassen sich wie folgt gegenüberstellen, so dass deutlich wird, dass sich beide, trotz eines unterschiedlichen Akzents, einander entsprechen:

V. Kast: Phasen der Trauer		J. W. Worden: Aufgaben der Trauer
1) Nicht-wahrhaben-Wollen	↔	Den Verlust akzeptieren
2) Aufbrechen der Emotionen	↔	Den Trauerschmerz erfahren
3) Suchen und Sich-Trennen	↔	Ohne den Verstorbenen leben lernen
4) Neuer Selbst- und Weltbezug	↔	Neue Beziehungen eingehen

2.4 Einflussfaktoren auf den Trauerverlauf

Eine Trauerreaktion ist stets ein vielschichtiges und individuelles Geschehnis. Dennoch lassen sich mehrere allgemeine Faktoren benennen, die den Trauerverlauf bestimmen.

2.4.1 Die Todesart

2.4.1.1 Der plötzliche Tod

Plötzlicher Tod bedeutet: Jemand stirbt unerwartet und ohne Vorwarnung (z.B. durch Unfall, Herztod, Mord). Derartige Todesfälle sind grundsätzlich schwieriger zu betrauern als solche mit Vorwarnung. Die Trauerreaktion ist geprägt durch das Gefühl der Unwirklichkeit. Der Hinterbliebene muss daher mit der Bewältigung von Traueraufgabe 1 im Sinne Wordens (Realisierung des Verlustes) beginnen (vgl. 2.3.2.1). Oft tritt eine Verschärfung der Trauer durch verstärkte Schuldgefühle ein, zumal in einem solchen Fall oft Unerledigtes zurückbleibt, das nicht mehr ausgeräumt werden konnte.

2.4.1.2 Langsames Sterben

Das langsame Sterben (etwa eines Krebskranken) eröffnet die Möglichkeit der vorgreifenden Trauer. Es wird deshalb nicht selten leichter verarbeitet als der plötzliche Tod. Das bedeutet konkret: Der Betroffene kann die Traueraufgaben 1 und 2 (Realisierung des Verlustes bzw. Erfahren des Trauerschmerzes) bereits ansatzweise bewältigen. Dies gilt auch für die Traueraufgabe 3: Der Hinterbliebene war teilweise bereits gezwungen, sich an eine Umwelt anzupassen, in der der Verstorbene keine „äußeren" Rollen mehr ausgefüllt hat (vgl. 2.3.2.3).

2.4.1.3 Suizid

Ein Suizid hinterlässt bei den Hinterbliebenen eine Vielzahl quälender Gefühle. Sie schämen sich vor ihrer Umgebung, fühlen sich schuldig, dass sie den Suizid nicht verhindert haben, sind von Zorn und Aggression gegenüber dem Suizidenten erfüllt, der ihnen so etwas Furchtbares angetan hat. Gleichzeitig kommt bei den Hinterbliebenen oft die Angst auf, ebenfalls mit Suizid zu enden. Häufig sind es auch Scham und Tabuisierung: Der offenkundige Suizid wird geleugnet und als Unfall umgedeutet. Auf diese Problematik wird noch ausführlich eingegangen (vgl. 5.3).

2.4.2 Der Charakter der Bindung

Von der grundlegenden Bedeutung von Bindungen bzw. deren Verlust im Allgemeinen war bereits die Rede (vgl. 1.4). Der *spezielle Charakter* einer Bindung wirkt sich im Falle des Todes der Bindungsfigur folgendermaßen aus (vgl. Worden 2011, 62 f.):

- Stärke der Bindung: Je tiefer die Liebe ist, desto stärker ist die Trauerreaktion. Wenn eine Bindung weniger stark bzw. bereits geschwächt war, wird der Verlust leichter ertragen.
- Sicherheit der Bindung: Dieser Aspekt betrifft die Frage, wie wichtig der Verstorbene für das Selbstwertgefühl des anderen war. Wenn etwa das Selbstwertgefühl des Trauernden überwiegend von dem Verstorbenen abhing, ist mit einer problematischen Trauerreaktion zu rechnen.
- Ambivalenz der Bindung: In jeder Beziehung besteht eine gewisse Zwiespältigkeit (Ambivalenz) der Gefühle. Zwar bildet die Liebe zu einer anderen Person die Basis einer Bindung, doch bestehen gleichzeitig immer auch negative Gefühle. In der Regel überwiegen die positiven Gefühle; ist eine Beziehung jedoch ambivalent, d. h., erreichen die negativen Gefühle den Grad der positiven Gefühle (Hassliebe), besteht das Risiko einer missglückten Trauer. Es kommt verstärkt zu Schuldgefühlen („Ich war so schlecht zu ihm/ihr") und/oder zu Zorn wegen des Verlassenwordenseins.

2.4.3 Frühere Trauererfahrungen

Auch früher erlebte Verluste beeinflussen die Trauerreaktion, vor allem die Art und Weise, wie jene verarbeitet wurden. Insbesondere geht es um die Frage, ob in diesen Fällen die Trauerarbeit in angemessener Weise geleistet wurde oder ob Unerledigtes zurückgeblieben ist, das in die aktuelle Verlusterfahrung hineingetragen wird. In diesem Fall fällt das Trauern schwerer, wenn vor dem Verlust schon mehrere Verlusterfahrungen oder andere Krisen erlebt wurden, da sich diese summieren. Andererseits gibt es Hinweise, dass angemessen verarbeitete Trauererfahrungen die Bewältigungsfähigkeiten für spätere Verluste erhöhen.

2.4.4 Merkmale der Persönlichkeit

Bestimmte Persönlichkeitstypen können ein Trauererlebnis nur schwer verarbeiten. Dazu gehören insbesondere die nähebedürftigen Persönlichkeiten mit dem Bedürfnis nach tiefen Gefühlsbindungen die dementsprechend Trennung und Verlust in besonderer Weise fürchten, weil ihr zentraler Wunsch darin besteht, „lieben zu können und geliebt zu werden" (F. Riemann). Man spricht in diesem Fall von einer *depressiven Persönlichkeitsstruktur*. Bereits die frühkindliche Erziehung kann eine solche Persönlichkeit prägen. Dies ist etwa dann der Fall, wenn Kinder von den Eltern zu viel Zuwendung erfahren, d. h. „in Watte gepackt" wurden. Wenn solchen Menschen wichtige Bezugspersonen sterben, werden sie ihrer psychischen Existenzgrundlage beraubt. Aber auch wer als Kind Nähe und Zuwendung entbehren musste, kann Verlusterfahrungen nur schwer verarbeiten. In beiden Fällen hat sich eine *zu geringe Frustrationstoleranz*, d. h. eine mangelnde Fähigkeit zur Verarbeitung negativer Erlebnisse aufgebaut, die im Falle einer Verlusterfahrung zu einer depressiven Störung führen kann.

Ganz allgemein spielt die psychische Anamnese (Vorgeschichte) einer Person eine wichtige Rolle für den Trauerprozess. So bedeutet etwa eine psychische Störung, insbesondere eine Erkrankung aus dem depressiven Formenkreis nicht selten, dass dem Betreffenden eine Verlusterfahrung besondere Probleme bereitet (vgl. 3.2).

2.4.5 Das Verhalten der Umgebung

Trauernde registrieren mit großer Sensibilität, ob die wichtigsten Bezugspersonen, aber auch die weitere soziale Umgebung ihnen gegenüber hilfsbereitstützend oder vorwurfsvoll-feindlich eingestellt sind. In diesen Zusammenhang gehört auch, dass dem Trauernden oft in unangemessener und wenig hilfreicher Weise Trauernormen (etwa bezüglich des Weinens oder der Länge der Trauerzeit) angetragen werden, die auf dessen individuelle Gefühlslage keinerlei Rücksicht nehmen. Von entscheidender Bedeutung ist in diesem Zusammenhang, ob sich der Trauernde verunsichern lässt, oder ob es ihm gelingt, in selbstbewusster Weise seinen eigenen Weg durch die Trauer zu finden.

2.4.6 Äußere Belastungen

Zu den äußeren Belastungen, die ein Verlust mit sich bringt, gehören vor allem finanzielle oder erzieherische Schwierigkeiten, ungewohnte Pflichten im Haushalt sowie rechtliche Angelegenheiten. Ein gewisses Maß an Belastung kann sich günstig auswirken: Der Trauernde entdeckt, dass er bestimmte Aufgaben überraschenderweise doch bewältigt und gewinnt dadurch an Selbstbewusstsein. Gelegentlich kommt es jedoch zu einer verspäteten Trauerreaktion, wenn diese Aufgaben bewältigt sind (Entlastungsdepression). Erlebt sich ein Trauernder als hilflos angesichts der neuen Aufgaben, die ihn überfordern, besteht ebenfalls die Gefahr einer depressiven Entwicklung.

2.4.7 Religiosität

Es gibt zahlreiche Hinweise dafür, dass religiöse Menschen Verlusterlebnisse besser bewältigen als nicht religiöse Menschen. Davon war bereits die Rede (vgl. 1.5; 2.2.3).

2.5 Prüfungsfragen

1. Beschreiben Sie die Symptomatik normaler Trauer auf der somatischen sowie auf der affektiven und kognitiven Ebene (jeweils vier Symptome)!
2. Trauer betrifft sämtliche Aspekte seelischen Lebens.

   Was ist damit gemeint?
3. Aus welchen drei Quellen entspringt die Angst Trauernder?
4. Klären Sie die Begriffe Halluzination und Illusion an jeweils einem Beispiel!
5. Nennen und erläutern Sie die vier Phasen der Trauer nach V. Kast!
6. Erläutern Sie die allgemeine Bedeutung von Phasenlehren für die Trauerbegleitung!
7. Beim Trauerprozess geht es allein um die Ablösung vom Verstorbenen.

   Trifft dies zu? Begründung!
8. Bestimmen Sie das Verhältnis von Phasen und Aufgaben der Trauer!
9. Nennen und erläutern Sie die vier Aufgaben der Trauer nach J. William Worden!
10. Nennen Sie jeweils zwei konkrete Hilfestellungen für jede Aufgabe der Trauer!
11. Nennen und erläutern Sie sechs Faktoren, die auf den Verlauf der Trauer Einfluss nehmen können. Gehen Sie dabei in jedem Fall auf die Todesart ein!

3. Pathologische Trauer

3.1 Merkmale und Formen pathologischer Trauer

Wir haben bisher die Trauer kennen gelernt als einen langwierigen und schmerzhaften Prozess, der jedoch seinen guten Sinn hat: Ist man an dessen Ende angelangt, wird es wieder möglich, seelisches Wohlbefinden zu erreichen: In zwischenmenschlichen Beziehungen, im Beruf und in der Freizeitgestaltung. Daher ist Trauer keine Krankheit, sondern kommt einem seelischen Heilungsprozess gleich. Trauer kann jedoch auch misslingen: Sie ist störanfällig und kann krankhaft entgleisen. Dies geschieht immer dann, wenn es nicht oder nur teilweise gelingt, die Traueraufgaben (vgl. 2.3) zu erfüllen.

Diese Gefahr ist zunächst bei schwierigen Trauersituationen gegeben, wie bei kindlicher Trauer, beim Verlust eines Kindes sowie bei der Trauer nach einem Suizid. Auf diese besonderen Trauersituationen wird später noch ausführlich eingegangen (vgl. 5). Grundsätzlich kann jedoch jede Trauererfahrung pathologisch werden.

Andere Begriffe für einen ungünstigen Trauerverlauf sind problematische, komplizierte oder auch unbewältigte Trauer (vgl. Auchter 2019, 28 ff.). Neuerdings wird auch von einer „anhaltenden Trauerstörung" gesprochen (vgl. Wagner 2019, 14 ff.; Vogel 2022, 126).

Pathologische Trauer stellt im Vergleich zu den Trauerreaktionen, die wir bereits als normal und unbedenklich kennen gelernt haben (vgl. 2.1), kein vollständig andersartiges Verhalten und Erleben dar. Sie zeichnet sich allerdings durch ungewöhnliche Intensität und/oder lange Dauer aus, so dass es zu „extremen Funktionseinschränkungen der Lebensbewätigung" (Auchter 2019, 14) kommt. In diesem Fall erfüllt die Trauer die allgemeinen Merkmale psychischer Erkrankungen: Devianz (=Normabweichung) sowie Leidensdruck, Beeinträchtigung und Gefährdung (A. J. Comer).

Wenn sich Trauer in die Länge zieht, hängt dies meist damit zusammen, dass die zweite Traueraufgabe (vgl. 2.3.2.2) nicht oder nicht vollständig erledigt worden ist, d. h. der Trauerschmerz nicht zugelassen und durchlebt wurde. Dass dies in den genannten schwierigen Trauersituationen eine besondere seelische Qual bedeutet, der man am liebsten ausweichen möchte, versteht sich von selbst.

Die Merkmale pathologischer Trauer zu kennen, ist für jeden wichtig, der Trauernden helfen möchte. Zwar obliegt es allein dem mit der Trauerproblematik vertrauten Arzt oder Psychotherapeuten, den Betreffenden aus seiner unbewältigten Trauer herauszuführen, doch sollte auch der medizinische und psychologische Laie erkennen, ob möglicherweise ein komplizierter Trauerverlauf vorliegt, um den Trauernden gegebenenfalls zu ermutigen, professionelle Hilfe anzunehmen. „Schätzungen zufolge sind in etwa 10 – 30 % aller Trauerfälle Komplizierungen der Trauer zu erwarten" (Znoj 2012, 55; vgl. Wagner 2019, 20 f.).

3.1.1 Die chronische Trauerreaktion: Trauer nimmt kein Ende

Eine *chronische Trauerreaktion* ist von übermäßig langer Dauer bzw. kommt zu keinem befriedigenden Abschluss. Trauer ist zwar individuell, so dass sich ein Aufdrängen von Zeitnormen verbietet. Dennoch ist es problematisch, wenn sich nach mehr als zwei Jahren kaum Fortschritte im Verlauf der Trauer zeigen. Eine chronische Trauerreaktion ist leicht zu erkennen, weil dem Betreffenden in quälender Weise bewusst ist, dass er in seiner Trauerarbeit nicht voranschreitet („Es wird einfach nicht besser", „ich finde nicht mehr ins Leben zurück).

3.1.2 Die verzögerte Trauerreaktion: Trauer findet keinen Anfang

Zu einer *verzögerten Trauerreaktion* kommt es, wenn zum Zeitpunkt des Todes eine nur unzureichende Gefühlsreaktion stattgefunden hat. Bei einem weiteren Verlusterlebnis stellt sich eine sehr intensive Trauerreaktion ein, weil dieses auch die mitgeschleppte, unverarbeitete Trauer aktiviert. Als Auslöser einer verzögerten Trauerreaktion genügt manchmal schon schwermütige Musik oder ein trauriger Film. Sie wird auch vom Betroffenen selbst als unangemessen und unverständlich empfunden.

3.1.3 Die übertriebene Trauerreaktion: Trauer wird unerträglich

Bei der *übertriebenen Trauerreaktion* erweist sich die Trauer als derart quälend, dass diese Personen professionelle Hilfe aufsuchen müssen. Typisch sind sehr starke Angstreaktionen, extremes Vermeidungsverhalten (z. B. nicht zur Trauerfeier gehen), sowie das andauernde Gefühl der Verzweiflung, ohne den Verstorbenen nicht leben zu können, aber auch Fälle, in denen Menschen aus ihren Aggressionen und/oder Schuldgefühlen nicht mehr herausfinden.

Auch der Missbrauch von Alkohol und anderen Suchtmitteln gehört in diesen Zusammenhang, insofern dieser als Versuch einer Selbsttherapie des Unerträglichen verstehbar ist, so dass es zur Ausbildung von Suchterkrankungen kommen kann. Ebenso können sich nach einiger Zeit weitere psychische Störungen wie Angststörungen und depressive Störungen entwickeln.

3.1.4 Die larvierte Trauerreaktion: Trauer wird körperlich

Unter einer *larvierten Trauerreaktion* versteht man die Verkleidung von verdrängter Trauer durch eine körperliche Symptomatik, d. h., die verdrängte Trauer wandelt sich in körperliche Krankheitssymptome um und drückt sich auf diese Weise aus. Der Körper muss gleichsam den Trauerschmerz übernehmen, weil die Seele ihn nicht zulässt. Dieser Abwehrmechanismus wird als *Somatisierung* bezeichnet. Im Einzelnen zeigen sich Symptome, die dem Leiden des Verstorbenen ähneln, aber auch psychosomatische Krankheitsbilder wie Herz-Kreislauf-Erkrankungen oder unklare Schmerzzustände und verschiedenste körperliche Beschwerden. Das bedeutet: Die nicht zugelassene Trauer verschafft sich durch diese Symptome, die als körperliche Trauer-Äquivalente (= Trauer- Ersatzbildungen) verstehbar sind, Ausduck. Dem Betroffenen ist der Zusammenhang dieser Beschwerden mit der Trauerproblematik oft nicht bewusst, so dass in der Regel ein Allgemeinarzt oder Internist aufgesucht wird.

Die folgenden Verhaltensweisen können auf einen pathologischen Trauerverlauf hindeuten:

- Die betreffende Person kann auch nach längerer Zeit über den Verstorbenen nicht sprechen, ohne den Verlust intensiv zu spüren. Dies äußert sich in Weinen oder Schluchzen.
- Ein verhältnismäßig unbedeutender Vorfall löst eine starke Trauerreaktion aus.
- Es besteht langfristig die Neigung, die materielle Hinterlassenschaft des Verstorbenen nicht zu verändern.
- Der Trauernde übernimmt auf hartnäckige Weise Eigenheiten des Verstorbenen, auch entgegen den eigenen Fähigkeiten, Interessen und Überzeugungen.
- Es kommt langfristig zur sozialen Isolierung und Vereinsamung.
- Es kommt zum Missbrauch von Alkohol und Medikamenten.
- Es besteht Suizidalität (vgl. 5.3).

3.2 Trauer und Depression

Depressive Menschen befinden sich für längere Zeit in einem emotionalen (gefühlsmäßigen) Zustand, der durch niedergedrückte Stimmung, Freud- und Interesselosigkeit sowie Müdigkeit und Antriebsmangel geprägt ist. Häufig gesellen sich noch weitere Symptome hinzu: Gefühle der Wertlosigkeit und Schuld, Ängste, Aggressivität, Störungen des Denkens (Störung von Konzentration, Auffassungsvermögen und Gedächtnis), Entscheidungsunfähigkeit, Verzweiflung und Hoffnungslosigkeit, Rückzugsverhalten, Schlafstörungen, eine Reihe körperlicher Beschwerden sowie Suizidalität. Dieses vielschichtige Muster von Symptomen ergibt das *depressive Syndrom* im Sinne einer depressionstypischen Kombination von Einzelsymptomen. Dabei entspricht dieses depressive Syndrom einer *seelischen Krankheit.*

Die Notwendigkeit, Trauer als normalpsychologische Reaktion von einer krankheitswertigen Depression zu unterscheiden, ergibt sich aus folgenden Gründen:

- Vom äußeren Eindruck her stimmen trauernde und depressive Menschen in Vielem überein (vgl. 3.2.1).
- Normale Trauer kann in die Richtung einer krankheitswertigen Depression entgleisen. Nach Schätzungen entstehen „60 % aller Depressionen aus unverarbeiteter Trauer, also aus einem nicht bewältigten Verlusterlebnis" (Wolfersdorf 2009, 77).
- Die in 3.1. vorgestellten Formen pathologischer Trauer können als Varianten einer durch eine Trauererfahrung ausgelösten, also *reaktiven Depression* oder *Anpassungsstörung* angesehen werden, „die entsprechend medikamentös und psychotherapeutisch behandelt werden sollten" (Lieb & Frauenknecht 2019, 277).

Das Verhältnis von Trauer und Depression lässt sich wie folgt bestimmen (vgl. Hell 2022, 150 ff.; Schnelzer 2006, 147 ff.):

3.2.1 Ähnlichkeiten von Trauer und Depression

- Ähnliche Auslösebedingungen

Traurig-gedrückte Verstimmungszustände sind uns allen aus eigenem Erleben geläufig. Dabei handelt es sich meist um Reaktionen auf Enttäuschungen, eigenes Versagen oder wie auch immer geartete Verluste: Wenn wir etwas verloren haben, was uns lieb und teuer war, erfüllt uns dies mit seelischem Schmerz. Dies gilt umso mehr, wenn wir einen nahe stehenden Menschen durch dessen Tod verloren haben. All diese Befindlichkeiten werden in der Umgangssprache als „depressiv" bezeichnet, obwohl es sich dabei nicht um krankheitswertige Depressionen, sondern um *Trauer* im Sinne einer „normalen", d. h. natürlichen und nur zu verständlichen Antwort auf Enttäuschung und Verlust handelt (vgl. 1.1). Gleichwohl kann sich normale Trauer chronifizieren, so dass sie die Kriterien einer depressiven Störung erfüllt (vgl. 3.1.1).

- Ähnliche Symptome

Weiterhin kommt eine Depression in einigen Anzeichen einer normalen Trauerreaktion gleich: In beiden Fällen ist die Stimmung gedrückt, das Dasein wird nicht mehr als lebenswert, sondern aufgrund einer tiefen inneren Leere und Traurigkeit als eintönig und farblos erlebt. Dinge, die man früher gerne getan hat, machen keine Freude mehr. Häufig fühlen sich die Betroffenen auch körperlich matt und ohne Antrieb, klagen über eine Minderung ihrer Leistungsfähigkeit und blicken voll Sorge in die Zukunft.

3.2.2 Unterschiede von Trauer und Depression

Trotz der in 3.2.1 genannten Gemeinsamkeiten müssen Trauer und Depression deutlich voneinander unterschieden werden:

- Depression als Abwesenheit von Trauer

Trauer und Depression sind keineswegs gleichartige Gefühlszustände, die sich nur in ihrem Ausprägungsgrad voneinander unterscheiden: Depression ist weder starke Trauer, noch ist Trauer einfach eine abgeschwächte Form von Depression. Vielmehr stehen Trauer und Depression in einer gegensätzlichen Beziehung zueinander. Das bedeutet: „Wo echte Trauer vorliegt, ist depressives Erleben fern. Wo eine schwere Depression einen Menschen blockiert, ist aktives Trauern vorerst unmöglich" (Hell 2022, 150). Damit spiegeln Trauer und Depression zwei unterschiedliche Weisen der Verlustverarbeitung wider – eine günstige und eine ungünstige. Insofern können die beiden folgenden Reaktionen auf einen Verlust als *depressive Abwesenheit von Trauer gelten.*

- Depression als fortgesetztes Nicht-wahrhaben-Wollen

Eine solche Entwicklung kann dadurch eingeleitet werden, dass der Verlust als solcher nicht akzeptiert wird, denn wirkliche Trauer setzt dessen Anerkennung voraus. Nur derjenige, der etwas verloren gibt, kann um das Verlorene trauern. Nach Daniel Hell scheinen depressive Menschen demgegenüber einen Verlust nur teilweise auch gedanklich anerkennen zu können. „Sie halten am Verlorenen fest und können deshalb auch Traurigkeit bewusst weniger empfinden" (Hell 2022, 151). Das bedeutet: Der Verstorbene muss voll bewusst als Toter anerkannt werden. Geschieht dies nicht, wird die Trauerarbeit als Trennungsarbeit verweigert. Die Trauernden verharren im Nicht-wahrhaben-Wollen des Verlustes und bleiben auf diese Weise auf den Verstorbenen fixiert (vgl. 2.2.2.1).

- Depression als fortgesetztes Nicht-fühlen-Können

Zur normalen Trauerreaktion gehört neben der gedanklichen Anerkennung des Verlustes dessen gefühlsmäßige Realisierung in Gestalt des Zulassens der trauerspezifischen Emotionen, d. h. die sich laut äußernde Klage, das Weinen, das „Herauswerfen" des Schmerzes. Geschieht dies nicht, wird das notwendige Durchleben der Trauergefühle verweigert. In diesem Fall kommt es auch nach längerer Zeit „zu keiner tiefen Gefühlsreaktion, die Betroffenen können nicht weinen, sie wirken wie versteinert; diese steife unangemessene Reaktion kann lange Zeit, Monate, ja nicht selten Jahre fortbestehen" (Bräutigam 1994, 115). Unter bestimmten Auslösebedingungen ist jedoch der Übergang in eine verzögerte Trauerreaktion (vgl. 3.1.2) jederzeit möglich.

An dieser Stelle zeigt sich, dass der Begriff Traurigkeit die Qualität depressiven Verstimmtseins nicht immer angemessen wiedergibt. Häufig leiden Depressive gerade darunter, dass sie nicht fähig sind, über einen Verlust Trauer zu empfinden; sie leiden unter einem „Gefühl der Gefühllosigkeit", einem Herabgestimmtsein, einem Nicht-fühlen-Können; es fehlt die emotionale Resonanz (Schwingungsfähigkeit). Während im Rahmen der Trauer die Möglichkeit der Modulation, d. h. der situationsgerechten Anpassung von Gefühlsregungen, die nicht unmittelbar mit dem Verlustereignis in Verbindung stehen, erhalten bleibt, ist in der depressiven Verstimmtheit die gesamte Gefühlswelt zu Boden gedrückt. Man denke nur an das Verhalten vieler Hinterbliebener bei Beerdigungen, bei denen man häufig erlebt, dass sie zwar am Grab vor Schmerz fast zusammenbrechen, jedoch bei der anschließenden gemeinsamen Mahlzeit, d. h. unter dem Einfluss sozialer Kontakte, lachen können, etwa wenn jemand eine lustige Geschichte über den Verstorbenen erzählt. Einem depressiven Menschen wäre das nicht möglich.

- Depression als Herabsetzung des Selbstwertgefühls

In der Depression ist das Selbstwertgefühl reduziert. Die Betroffenen fühlen sich minderwertig und nichtig. Bei Trauernden dagegen ist das Selbstwertgefühl nicht berührt.

- Depression als suizidaler Zustand

Zwar muss jede Äußerung von Suizidabsichten ernst genommen werden (vgl. 5.3.3.1), doch unterscheidet sich die entsprechende Gefährdung Trauernder und Depressiver deutlich. Für Trauernde gilt: „Treten Suizidgedanken auf, sind diese nicht konkret und enthalten keine handlungsweisenden Vorstellungen" (Volk, Travers & Neubig 1998, 36). Bei depressiven Menschen stellt dagegen der Tod durch Suizid aufgrund mehr oder weniger konkreter Suizidphantasien eine echte Gefahr dar.

- Depression als Geschehen ohne äußeren Auslöser

Am deutlichsten wird der Unterschied von Trauer und Depression in den Fällen, in denen für die depressive Verstimmung kein äußeres Ereignis als nachvollziehbare Ursache benennbar ist. Man spricht hier von einer melancholischen Depression. Die Betroffenen sind nicht dadurch depressiv geworden, weil sie einen Verlust „schwer nehmen"; vielmehr sind sie „schwermütig" (melancholisch): Sie fühlen „sich grundlos, aber von Grund auf verändert" (Hell 2022, 37) in Richtung depressive Bedrückung und Verzweiflung. Das folgende Fallbeispiel. Das folgende Fallbeispiel vermag dies zu verdeutlichen:

> Franz W. fühlte sich seit einigen Monaten nicht mehr wohl. Es hatte damit begonnen, dass er an Schlafstörungen mit zerhacktem Schlaf und Aufwachen in den frühen Morgenstunden, ohne wieder einschlafen zu können, litt. Tagsüber fühlte er sich müde und abgeschlagen und hatte Probleme, in seiner Arbeit bei der Sache zu bleiben.
>
> Bald zeigte sich, dass er auch bei ausreichendem Schlaf eine bleierne Müdigkeit verspürte. Freizeitaktivitäten, denen er früher mit Begeisterung nachging, machten ihm keine Freude mehr. Sich überhaupt zu etwas aufzuraffen, fiel ihm zunehmend schwer. Er ging nicht mehr zum Kegeln und las keine Zeitung mehr. Seine Frau klagte, dass er an sexuellem Zusammensein kein Interesse mehr habe. Seine Stimmung wurde zunehmend ernst und gedrückt. Immer mehr zog er sich von Freunden und Familie zurück, saß viele Stunden allein herum und erging sich in fruchtlosen Grübeleien. Weder Frau W. noch sein persönliches Umfeld konnten

sich diese Entwicklung erklären: Ein nachvollziehbarer Anlass für diese Bedrücktheit war nicht erkennbar.

Eines Tages teilte er seiner Frau mit, dass sich ihm immer mehr der Gedanke aufdränge, seinem Leben ein Ende zu setzen.

Dieses Fallbeispiel zeigt neben einer Fülle von charakteristischen depressiven Symptomen, dass ein Verlust- oder Enttäuschungserlebnis, das diese Symptome erklären könnte, nicht in Sicht ist. Zwar ist nicht auszuschließen, dass ein – nicht bekannter – Auslöser für eine Depression in vergleichbaren Fällen vorliegt. Allerdings ist dieser häufig alltäglicher Art, d. h. erfüllt nicht das Kriterium belastender Lebensereignisse („life events") mit einem nachvollziehbaren Erklärungswert für die depressive Bedrückung. Diese sogenannte „psychoreaktive" Auslösung ist auch nicht die Regel; sie findet sich nur bei dem kleineren Teil der Erkrankungen (Tölle & Windgassen 2012, 256).

3.3 Prüfungsfragen

?

1. Nennen und erläutern Sie die vier Formen pathologischer Trauer!
2. Worin besteht der Unterschied zwischen einer chronischen und einer verzögerten Trauerreaktion?
3. Nennen Sie vier Merkmale, die den Verdacht einer pathologischen Trauerreaktion nahe legen!
4. Was versteht man unter einer larvierten Trauerreaktion?
5. Beschreiben Sie das depressive Syndrom!
6. Warum ist es für den Trauerbegleiter wichtig, Trauer und Depression unterscheiden zu können?
7. Nennen und erläutern Sie zwei Gemeinsamkeiten von Trauer und Depression!
8. Nennen und erläutern Sie vier Unterschiede zwischen einer normalen Trauerreaktion und einer krankheitswertigen Depression!

4. Hilfen bei der Trauerbewältigung

Das *Trauergespräch* im Sinne eines Einzelgesprächs zwischen einem Trauerbegleiter und einem Trauernden stellt die zentrale Form der Arbeit mit Trauernden dar. Alles Wissen über Trauerpsychologie sollte deshalb dazu dienen, ein angemessenes Trauergespräch zu führen. Deshalb werden die Grundzüge des Trauergesprächs im Folgenden ausführlich dargelegt (vgl. 4.1). Da dieses auch in Gruppen geführt werden kann, wird anschließend über die Gestaltung von *Trauergruppen* informiert (vgl. 4.2), bevor von *Trauerritualen* als eine das Trauergespräch ergänzende Praxis die Rede sein wird (vgl. 4.3).

4.1 Das Gespräch mit Trauernden

Bei der Beschreibung der Traueraufgaben wurde bereits deutlich, dass das Gespräch den ganzen Trauerprozess hindurch eine wertvolle Hilfe darstellt (vgl. 2.3). Es kann sein Potential jedoch nur dann entfalten, wenn bestimmte Bedingungen erfüllt sind. Diese betreffen sowohl die Person des Trauerbegleiters als auch die Art und Weise, wie mit Trauernden gesprochen werden sollte.

Nun könnte man der Ansicht sein, es sei nichts einfacher, als ein Gespräch zu führen. Sind wir nicht, so fragt man sich, andauernd im Gespräch mit anderen Menschen, sei es beruflich oder privat? Sind Gespräche nicht das Selbstverständlichste überhaupt? Bedarf es daher überhaupt weiterer Überlegungen oder gar einer besonderen Ausbildung? Auch was das helfende Gespräch anbelangt, halten sich viele Menschen zumindest für gute Zuhörer. Sie machen dies daran fest, dass sie den Gesprächspartner ausreden lassen, dass sie sich geduldig zeigen, wenn andere Menschen ihnen „ihr Herz ausschütten" wollen, zugleich aber auch daran, dass sie ihre persönliche Meinung nicht verhehlen, sondern klar Stellung beziehen und konkrete Ratschläge erteilen. Es fragt sich daher: Sind „gute" Zuhörer solche, die die Ausführungen ihres Gesprächspartners passiv und ohne Kommentar über sich ergehen lassen? Oder bedeutet gutes Zuhören genau das Gegenteil: in eindeutiger Weise Position zu beziehen und konkrete Hilfe anzubieten?

Bevor diese Frage geklärt wird, indem mit der Klientenzentrierten Trauerberatung eine bewährte Form des Trauergesprächs vorgestellt wird, die – dies sei bereits an dieser Stelle erwähnt – für viele Leser ungewohnt sein wird, sollen zunächst einige allgemeine Grundsätze erfolgreicher Trauerberatung genannt werden.

4.1.1 Allgemeine Grundsätze

- Unterstützung bei den Traueraufgaben

Ziel jeder Trauerberatung muss es sein, bei der Erfüllung der Traueraufgaben zu helfen; wie dies konkret möglich ist, wurde bereits im Zusammenhang mit der Beschreibung der Traueraufgaben dargelegt (vgl. 2.3).

- Die Individualität der Trauer fördern

Dies bedeutet einerseits, dass der Trauernde, nicht der Trauerbegleiter, Inhalt und Tempo des Gesprächs bestimmt, d. h.: Worüber und wie lang über ein Thema gesprochen wird, legt der Trauernde fest; andererseits ist damit gemeint, dass dem Trauernden keine Trauernormen aufgezwungen werden sollten bezüglich Art und Dauer des Trauerns. Vielmehr geht es darum, dem Trauernden dabei zu helfen, seine ganz persönliche Weise des Trauerns zu finden (vgl. 4.1.2.2.1).

- Die Auseinandersetzung mit der eigenen Trauer führen

Eine angemessene Trauerbegleitung kann nur geleistet werden, wenn man eine tragfähige innere Einstellung zu Tod und Trauer gefunden hat. Zu diesem Zweck bieten sich die verschiedenen Formen von Selbsterfahrung an. Hilfreich ist es etwa, sich die folgenden Fragen, gegebenenfalls zu verschiedenen Zeitpunkten, zu stellen und am besten schriftlich zu beantworten:

1. Der erste Todesfall, an den ich eine bewusste Erinnerung habe, war der Tod von … Welche Gefühle haben mich dabei bewegt?
2. Mein letztes Verlusterlebnis war der Tod von … Welche Gefühle haben mich dabei bewegt?
3. Welcher Todesfall war für mich am schmerzlichsten? Warum war das so?
4. Was ist mein persönlicher Bewältigungsstil von Verlusten? Was hat mir geholfen, was nicht?
5. Der Tod von welchem Menschen würde mich am heftigsten treffen? Warum ist das so?
6. Spielt für mich der religiöse Glaube an ein Leben nach dem Tod eine Rolle? Wenn ja: Wie zeigt sich das?
7. Wie halte ich es mit dem Totengedenken: Spielen die Toten noch eine Rolle in meinem Leben? Wenn ja: Erlebe ich dies als hilfreich?

Grundsätzlich sind eigene Trauererfahrungen für die Begegnung mit Trauernden unverzichtbar. Trauer ist ein existentielles Widerfahrnis, das sich nur im Erleben und Erleiden wirklich erschließt. Letztlich sind wir nur aus eigener Erfahrung fähig, Trauer zu begreifen. „Weil wir sie am eigenen Leib erfahren haben, können wir nachempfinden, wie es anderen Trauernden geht" (Kelley 2001, 139).

Dies bedeutet zugleich, dass die Begegnung mit einem Trauernden immer auch die eigenen Verlusterlebnisse wieder aufleben lässt. Sind diese nicht ausreichend bewältigt, wird es unmöglich, sich auf den Trauernden einzulassen, da das eigene Erleben in den Vordergrund drängt und sich mit dem des Trauernden vermischt. Die Begleitung Trauernder verliert dadurch an Qualität und wird zur schweren Belastung für alle Beteiligten. Verarbeitete Trauererfahrungen können dagegen dem Gespräch mit Trauernden sehr dienlich sein. Unter dieser Voraussetzung wird es möglich, Nähe *und* Distanz zu verwirklichen: Einerseits kann die Einfühlung in den Trauernden gelingen, andererseits bleibt soviel Abstand, dass es möglich wird, dessen Trauer als der Erfahrung eines *anderen* Menschen gerecht zu werden.

4.1.2 Die Klientenzentrierte Trauerberatung

4.1.2.1 Entstehung und Vorzüge

Die Klientenzentrierte Trauerberatung ist aus der Arbeit der Trauerberatungsstelle der Universität Essen hervorgegangen und wurde von den Psychologen Ralf Jerneizig, Arnold Langenmayr und Ulrich Schubert entwickelt (vgl. Jerneizig et al. 1994; Langenmayr 2013, 107 ff.). Sie versteht sich als Bearbeitung und Weiterführung der Klientenzentrierten Gesprächsführung, die der amerikanische Psychologe Carl Ransom Rogers (1902 – 1987) entwickelt hat und von dem deutschen Psychologen Reinhard Tausch (1921 – 2013) im deutschen Sprachraum etabliert worden ist, für die Zielgruppe trauernder Menschen. Sie verfügt über folgende Vorzüge:

- Ihre Wirksamkeit konnte in einer wissenschaftlichen Studie nachgewiesen werden (Jerneizig & Langenmayr 1992). Generell sind bereits die zugrunde liegende Klientenzentrierte Gesprächsführung sowie die von ihr abgeleitete Gesprächspsychotherapie Verfahren, die wissenschaftlich überprüft sind und überall dort, wo beraten wird (z. B. Ehe-, Lebens-, Familien-, Erziehungsberatung), konkurrenzlos und nicht mehr wegzudenken.

- Sie versteht sich nicht als Psychotherapie im Sinne der Behandlung von seelischen Störungen, die nur besonders ausgebildeten Ärzten oder Diplom-Psychologen obliegt, sondern als eine *Beratung* im Sinne einer Unterstützung und Begleitung von „normaler" Trauer. Dies bedeutet, dass sie auch von engagierten Laien auf der Basis einer entsprechenden Ausbildung und Einübung praktiziert werden kann. Psychotherapie hingegen ist der Heilkunde und den entsprechenden Berufen zugeordnet und befasst sich grundsätzlich mit Phänomenen mit Krankheitswert. Sie setzt eine Approbation (Kassenzulassung) des Therapeuten voraus und wird im Allgemeinen über die Krankenkassen finanziert. Die Klientenzentrierte Trauerberatung ist dagegen vom Kassensystem unabhängig.

- Sie nutzt das generelle Potenzial des Gesprächs, in seelischen Krisen Hilfestellung zu geben und nimmt somit die Tatsache ernst, dass Gespräche in psychischen Notsituationen das konkurrenzlose Instrument von Hilfe und Unterstützung sind. 1997 wurde von Reinhard Tausch eine Untersuchung durchgeführt, in der hunderte von Menschen befragt wurden, wie sie schwere seelische Belastungen, wie z. B. Trauererfahrungen, bewältigt hätten. Dabei ergab sich: Gespräche mit verständnisvollen Mitmenschen wurden meist an erster Stelle genannt. Auch andere Untersuchungen legen nach Tausch das Fazit nahe, dass „bei schweren Belastungen/Krisen ... Gespräche mit Freunden, Bekannten und anderen (mit Familienmitgliedern weniger) *die* hilfreiche Bewältigungsform" (Tausch 2001, 372) sind. Damit zeigte sich, dass hilfreiche Gespräche mit Erfolg auch von Laien geführt werden können:

  Wir können annehmen, dass etliche Menschen ohne spezielle akademische Ausbildung über die Fähigkeit verfügen, mit bekannten oder befreundeten Personen therapeutische Gespräche zu führen. Deshalb erscheint es sinnvoll, die Öffentlichkeit auf hilfreiche Gespräche mit Freunden, Bekannten und anderen als günstige Bewältigungsform bei seelischen Belastungen hinzuweisen. Wir können annehmen, dass in Selbsthilfegruppen, bei der Telefonseelsorge und anderen Gelegenheiten manche Laien förderliche ... Gespräche mit anderen Menschen führen können (Tausch 2001, 376 f.).

Vor diesem Hintergrund sollte sich nicht zuletzt der *Bestatter* dazu ermutigt fühlen, hilfreiche Gespräche zu führen (vgl. Schnelzer 2014). Allerdings sind solche Gespräche an bestimmte Grundhaltungen gebunden, die als die entscheidenden Wirkfaktoren in der psychologischen Beratung gelten können, da sie in der Lage sind, die Beziehung zwischen Berater und Klient positiv zu gestalten. Dies ist von entscheidender Bedeutung: In allen wissenschaftlichen Untersuchungen zu Beratungsprozessen hat sich die Beratungsbeziehung als die bedeutsamste Dimension erwiesen; ohne eine vertrauensvolle Beziehung zwischen Berater und Klient ist Beratung zum Scheitern verurteilt. Im Einzelnen sind diese Grundhaltungen: *Wertschätzung, Echtheit* und *einfühlendes Verstehen*. Diese werden im Folgenden, wenn die Grundpfeiler der Klientenzentrierten Trauerberatung vorgestellt werden, erläutert (vgl. Jerneizig et al. 1994; Schnelzer 2005, 58 ff.; Schnelzer 2012, 370 ff.; Weber 2012; Backhaus 2017).

4.1.2.2 Die Grundpfeiler der Klientenzentrierten Trauerberatung

4.1.2.2.1 Der klientenzentrierte Umgang mit dem Trauernden

Der Ausdruck klientenzentriert oder auch personzentriert betrifft die Grundausrichtung des Trauergesprächs. Konkret bedeutet dies: Im Mittelpunkt des Gesprächs steht der Klient, d. h. die Person des Trauernden mit ihren Gefühlen, Interessen und Überzeugungen, nicht der Trauerbegleiter. Es geht ganz allein um den Trauernden und seine Trauer – genau diese Orientierung ist mit Gut-zuhören-Können (vgl. 4.1) gemeint.

Der klientenzentrierte Ansatz geht nämlich davon aus, dass der Mensch über eine Selbstaktualisierungstendenz verfügt. Das bedeutet: Er ist darauf angelegt, seine individuellen Fähigkeiten und Potentiale zu entwickeln und so zu Autonomie und Selbstverantwortlichkeit zu gelangen. Für den Umgang mit Trauer bedeutet dies: Der Trauernde will und kann seinen ganz persönlichen Weg durch die Trauer finden. Trauerbegleitung bedeutet damit nichts anderes, als ihn dabei zu unterstützen.

Die im Trauergespräch erforderliche klientenzentrierte Grundausrichtung faltet sich wiederum in den folgenden Grundhaltungen aus:

a. Unbedingte Wertschätzung

b. Echtheit (Kongruenz)

c. Einfühlendes Verstehen (Empathie)

Zu a. Unbedingte Wertschätzung

Dem Trauernden sollte *unbedingte* Wertschätzung entgegengebracht werden. Es gilt, ihn in seiner Trauer und seinem Schmerz ohne Vorbehalte anzunehmen und zu respektieren. Von daher verbietet es sich, den Trauernden mit Ratschlägen zu lenken, ihm moralisierend zu begegnen oder ihn in irgendeiner Weise emotional in die Pflicht zu nehmen, d. h., ihm Vorschriften zu machen, welche Gefühle er haben soll und welche nicht. Maßstab des Helfers ist die Trauer, wie der Betreffende sie erlebt; er versucht, ihm auf seinem emotionalen Weg zu folgen, wohin auch immer er ihn führt. Die Gefühle des Trauernden werden anerkannt und dürfen geäußert werden – dies gilt auch für Weinen und Aggression – ohne dass der Trauernde dafür kritisiert würde.

Der Versuchung, dem Trauernden direkt zu widersprechen, darf nicht nachgegeben werden. „Es gehört zu den Grundbedürfnissen des Menschen, ein hohes Maß an Anerkennung, Bejahung und Wertschätzung zu empfangen … Wenn ich den Partner annehme und wertschätze, liegt es nahe …, dass er sich selbst auch achtet und wertschätzt, und dass er schließlich auch anderen Menschen und mir als seinem Berater Bejahung und Wertschätzung entgegenbringt" (Köllner 1996, 51). Dies wiederum wird den Trauernden dazu führen, sich zu öffnen und ehrlich über das zu sprechen, was in seinem Innern vorgeht, auch wenn es belastend ist. Andernfalls wird er sich aufgrund von Scham oder Schuldgefühlen verschließen.

Zur unbedingten Wertschätzung gehört auch, dass man es dem Trauernden überlässt, worüber er wie lange spricht und zugleich seine religiösen und philosophischen Überzeugungen respektiert. Das bedeutet im Einzelnen:

- Der Trauerbegleiter spricht nie von sich aus Themen an, sondern wartet ab, welche Themen der Trauernde „mitbringt". Damit wird verhindert, dass sich der Trauernde unter Druck gesetzt fühlt und dazu genötigt wird zu sagen: „Darüber möchte ich nicht reden!"
- Der Trauerbegleiter leitet nicht zu anderen Themen über, weil er meint, ein bestimmtes Thema sei schon „abgehandelt".
- Wenn der Trauernde von der Verlusterfahrung ablenkt, ist dies zu akzeptierten als Versuch, sich vor einem Schmerz, der im Moment unerträglich erscheint, zu schützen. Auf keinen Fall darf dem damit begegnet werden, dass man den Trauernden mit der Verlusterfahrung konfrontiert und ihn so unter Druck setzt.
- Religiöse und philosophische Überzeugungen des Klienten, die den Trauernden trösten und damit psychisch entlasten können, sind als Ressource, d. h. als seelische Kraftquelle zu respektieren und zu nutzen – völlig unabhängig von den Überzeugungen des Trauerbegleiters. Keinesfalls

dürfen die Anschauungen des Trauernden in Frage gestellt oder kritisiert werden, zumal viele Studien zeigen, dass Religion und Spiritualität in Verlustkrisen eine wertvolle Hilfe sein können (vgl. 1.5).

- Für den Trauerbegleiter hat dies zwei konkrete Konsequenzen: Er sollte sich mit wichtigen religiösen und philosophischen Positionen vertraut machen und sich für sich selbst eine entsprechende Grundhaltung angesichts des Todes erarbeiten, die ihm Halt und Hoffnung gibt (vgl. Noyon & Heidenreich 2012, 84 ff.). Wertvolle Anregungen dazu gibt Vogel (2022).

Zu b. Echtheit (Kongruenz)

Dem Trauernden muss mit *Echtheit* begegnet werden. Der Begleiter sollte nichts äußern, hinter dem er nicht im vollen Maße steht; was er sagt und was er fühlt, darf nicht auseinanderklaffen. Das Gegenteil davon ist unechtes, d. h. masken- und fassadenhaftes Verhalten, wie es nicht zuletzt in Phrasen und Gemeinplätzen zum Ausdruck kommt (vgl. 4.1.3). Demgegenüber soll der Begleiter einen ehrlichen Umgang mit der Trauer pflegen. So ist ein betroffenes Verstummen besser als ein bagatellisierender, vorgestanzter Spruch. Echtheit im Trauergespräch ist die unabdingbare Voraussetzung dafür, dass ein vertrauensvolles Verhältnis entsteht und erhalten bleibt, das dem Trauernden ermöglicht, seine Gefühle zu äußern. Er kann eine echte, realistische Beziehung erleben und wird ermutigt, im Gespräch selbst offen und echt zu werden.

Zu c. Einfühlendes Verstehen (Empathie)

Im Mittelpunkt des klientenzentrierten Umgangs mit einem Trauernden steht das *einfühlende Verstehen* oder die *Empathie*. Damit ist gemeint, dass der Helfer sich darum bemühen soll, die Welt gleichsam mit den Augen des Trauernden zu sehen, sich hineinzubegeben in seinen Schmerz, seine Ängste und Aggressionen, aber auch in die Ansätze der Hoffnung, über die der Trauernde verfügt, d. h.: Es gilt, dessen „inneren Bezugsrahmen" wahrzunehmen, und das Wahrgenommene dem Trauernden mitzuteilen. Konkret lässt sich diese Art der Einfühlung durch die so genannte „Spiegelnde Methode" verwirklichen: Der Gesprächspartner greift die Gefühle und Empfindungen des Trauernden auf und gibt sie auf Anteil nehmende Weise mit eigenen Worten wieder. Dabei achtet er auch auf die nonverbalen Äußerungen des Trauernden (Haltung, Mimik, Gesprächspausen). Diese Art, ein Gespräch zu führen, ist im Alltag ungewohnt. Wir haben verlernt, dem anderen wirklich zuzuhören. Gerade darum bemüht sich jedoch die spiegelnde Art der Gesprächsführung. Sie zwingt denjenigen, der mit einem Trauernden spricht, dazu, von den eigenen Gefühle und Überzeugungen abzurücken und ganz auf die Erlebniswelt des Trauernden zu achten. Das Gespräch wird so auf die einzig angemessene Ebene gebracht: auf die der Gefühle und gerade nicht die des „rationalen" Debattierens oder des praktischen Handelns. Dabei geschieht keineswegs nur ein bloßes Nachsprechen des vom Trauernden Gesagten mit anderen Worten. Vielmehr wird ein weiterführender Klärungsprozess bezüglich der oft verworrenen Gefühle des Trauernden angeregt, der als gefühlsmäßige Selbsterforschung (Selbstexploration) bezeichnet wird. Er kann so sein eigenes Erleben und das, was es bedeutet, tiefer und vollständiger erfahren und dadurch zu seiner ganz persönlichen Weise des Trauerns finden. Zugleich geschieht durch das Aussprechen und Benennen der Emotionen eine Aufhellung dunkler Gefühle, die es möglich macht, diese zu verarbeiten.

Das Zuhören, wie es bei der Empathie geschieht, erweist sich damit als höchst aktives Verhalten, als ein hellwaches Hinhören auf die sprachlichen und nichtsprachlichen Signale des Gegenübers sowie als ein In-sich-wirken-Lassen der Mitteilungen der anderen Person auf der Basis gleichzeitiger gefühlsmäßiger Anteilnahme.

Was die spiegelnde Methode selbst anbelangt, lassen sich folgende konkrete Hinweise geben (vgl. Köllner 1996, 57 ff.):

- Ich spiegle vor allem:
    - gefühlsnahe und gefühlsbetonte Äußerungen des Trauernden
    - Wünsche, Ziele und Bedürfnisse des Trauernden
    - gefühlsmäßige innere Einstellungen und Bewertungen des Trauernden.
- Ich spiegle alle wichtigen Äußerungen des Trauernden, und zwar, wenn möglich, gleich im Anschluss an jede wichtige Äußerung.
- Ich spiegle kurz und prägnant; langatmige Verbalisierungen würden den Gedanken- und Redefluss des Trauernden stören.
- Ich konzentriere mich beim Spiegeln vor allem auf das, was der Trauernde aktuell, d. h. „hier und jetzt" fühlt.
- Ich spiegle möglichst exakt, um dem Trauernden deutlich zu machen, dass ich genau zuhöre und ihn dementsprechend auch genau verstehe. Wenn ich diesbezüglich unsicher bin, kann ich mein Spiegeln wie folgt

einleiten: „Ist es so … ?", „Habe ich Sie richtig verstanden, dass … ?", „Ist es eher so, dass … oder eher so, dass … ?"

- Es empfiehlt sich nicht, Aussagen, die große Verzweiflung ausdrücken, gleichsam „eins zu eins" wiederzugeben, sondern es gilt, diese zu entschärfen; wenn z. B. ein Trauender sagt: „Es hat alles keinen Sinn mehr", könnte der Trauerbegleiter antworten: „Sie wissen *im Moment* nicht, wie es weitergehen soll". Man könnte dieses Verzweiflung begrenzende und Hoffnung vermittelnde Vorgehen als „Aufwärtsspiegelung" bezeichnen.

4.1.2.2.2 Wissensvermittlung über den Trauerprozess

Die Vermittlung von Wissen über den Trauerprozess ist ein zentraler Inhalt einer Klientenzentrierten Trauerberatung. Dies kann etwa in der Form geschehen, dass der Trauerberater den Trauernden angesichts Angst machender Erfahrungen (Halluzinationen) und belastender Gefühle (Aggression, Schuldgefühle) zu beruhigen versucht, indem er ihn darüber informiert, dass diese in der Trauersituation völlig normal sind. „Allein die Erkenntnis, nicht der einzige zu sein, der solche Erfahrungen und Erlebnisse hat, führt dazu, das diese reine Wissensvermittlung dem Klienten hilft, angstfreier mit seiner Trauer umzugehen und eine Zukunftsperspektive (zu) entwickeln" (Jerneizig et al.1984, 64).

Inwiefern das Wissen um die Phasen der Trauer auch und gerade für den Trauernden hilfreich sein kann und dass ihm dieses Wissen deshalb auf einfühlsame Weise mitgeteilt werden sollte, wurde bereits gesagt (vgl. 2.2.1). An dieser Stelle zeigt sich eine unabdingbare Notwendigkeit: Wer Trauernden, in welchem Rahmen auch immer, Beistand leisten möchte, sollte neben der Methodik des Gesprächs über Grundkenntnisse der Psychologie des trauernden Menschen verfügen. Er muss wissen, was Trauer ihrem Wesen nach ist, wie sie sich in der ganzen Breite ihrer normalen und problematisch-krankhaften Erscheinungsweisen zeigt, wie sie verlaufen kann und was sie dem Trauernden an Aufgaben abverlangt. *Wer nichts über Trauer weiß, kann keinem Trauernden helfen*; er wird sich von dessen Verunsicherung anstecken lassen und diese durch seine Unkenntnis noch weiter verstärken.

4.1.2.2.3 Vermittlung alltagspraktischer Fertigkeiten

Gerade in Fällen von Paarbeziehungen mit ungleicher Rollenverteilung kann der hinterbliebene Partner auch konkrete lebenspraktische Probleme haben, auf deren Bewältigung er nicht vorbereitet ist und die die Trauer deshalb noch verschärfen können. Hier ist an Probleme der Haushaltsführung zu denken, an die Erledigung von Bank- und Versicherungsangelegenheiten sowie an Entscheidungen, die die Kinder betreffen, beispielsweise im schulischen Bereich. „Hier sollte der Berater seinen möglichen Wissensvorsprung durchaus im Gespräch zur Verfügung stellen" (Langenmayr 1999, 110) bzw. an entsprechende Anlaufstellen (Erziehungsberatung, allgemeine Sozialberatung, Schuldnerberatung) verweisen können. Jerneizig et al. (1994, 65 f.) empfehlen folgende Strategie:

> Gemeinsam mit dem Klienten müssen konkrete Handlungsschritte zur Bewältigung seines sozialen Alltags erarbeitet werden, die den Klienten in die Lage versetzen, in der von ihm als sinnlos und unüberwindbar erlebten Situation, nun ohne den verlorenen Partner weiterleben zu müssen, kleine, ihm Sicherheit vermittelnde Erfolgserlebnisse alltagspraktischen Handelns zu erreichen.

Wichtig ist zugleich, dass die Hinterbliebenen in einer Zeit innerer und äußerer Instabilität in ihrer Außenwelt so viel Stabilität wie möglich finden. Grundsätzlich gilt: „Je mehr die äußere Umwelt bewältigbar wird, desto mehr Kraft verbleibt den Trauernden, ihr inneres Gefühlschaos zu bewältigen" (Jerneizig et al. 1994, 66).

Zur Verdeutlichung dessen, was über die Klientenzentrierte Trauerberatung gesagt wurde, sei das folgende Gespräch wiedergegeben und kurz kommentiert, wobei T die Trauernde und G deren Gesprächspartner, also den Trauerbegleiter, symbolisieren (vgl. Schnelzer 2005, 60 ff.).

T: „Neulich, als ich wieder einmal in meiner Heimatstadt war, hatte ich plötzlich die Idee: Jetzt fahre ich mal wieder zu meinem Elternhaus hinauf, obwohl meine Eltern und Geschwister lange tot sind …"

G: „Trotzdem hat dich irgendetwas hinaufgezogen …"

T: „Ja, ich war in meiner Kindheit und Jugend sehr glücklich, ich wollte einfach sehen, wie es dort nach so vielen Jahren heute aussieht."

G: „So, als ob du diese glückliche Zeit irgendwie noch einmal finden könntest."

T: „Ja, irgendwie schon, immerhin waren wir ja da noch alle zusammen."

G: „Du wolltest also die alte Zeit und deine Familie wieder finden."

T: „Ja, irgendwie schon."

G: „Und, hast du sie gefunden?"

T: „Ja und Nein. Als ich vor dem Haus gestanden habe, ist mir alles wieder so gegenwärtig geworden. Es hat sich so viel verändert, es ist vieles nicht mehr so wie früher. Das hat mir gezeigt, dass dieses Früher unwiederbringlich vorbei ist."

G: „Und das hat dir wehgetan."

T: „Ja, das hat wehgetan, aber mindestens genauso wehgetan hat mir das, was doch noch so war wie früher: Die kleine Blechgarage, in die mein jüngerer Bruder immer sein Auto gestellt hat, war noch da, und das Fenster rechts neben der Haustüre war auch noch da. Es gibt ein Bild von meiner Mutter, wie sie, mit den Armen auf ein Kissen gestützt, aus diesem Fenster hinaussieht, das ist mir sehr nahe gegangen, so dass ich weinen musste."

G: „Da hast du sie wieder richtig vermisst."

T: „Ja, da ist wieder alles hochgekommen, wie sie krank wurde, wie man ein unheilbares Krebsleiden feststellte, und wie eine Embolie nach der vergeblichen Operation dazu geführt hatte, dass sie so früh sterben musste. Wir hatten alle gehofft, dass sie wenigstens noch einmal nach Hause kommt. Es war fast, als wenn alles erst vor kurzem gewesen wäre, aber sie ist doch schon über vierzig Jahre tot!"

G: „Du hast sie sehr gern gehabt."

T: „Ja schon, sicher, es hat schon auch mal etwas gegeben, aber sie war unser aller Mittelpunkt; trotzdem wundere ich mich darüber, dass mich das alles immer noch so traurig machen kann."

G: „Das beunruhigt dich ein wenig."

T: „Irgendwie schon, das ist so lange her, ich bin jetzt siebzig Jahre, wesentlich älter als meine Mutter war, als sie gestorben ist, und ansonsten muss ich eigentlich nicht mehr weinen, auch wenn ich noch oft an sie, wie auch an meinen Vater und meine Brüder, denken muss."

G: „Du bist eigentlich darüber hinweg, aber trotzdem fühlst du dich mit deinen toten Angehörigen noch verbunden. Irgendwie vermisst du sie immer noch!"

T: „Ja, genau. So richtig vergessen kann ich sie nicht, auch wenn ich nur noch ganz selten weinen muss."

G: „Willst du sie denn vergessen?"

T: (Hält kurz inne) „Eigentlich nicht. Sie haben mir viel bedeutet, und obwohl sie schon so lange nicht mehr da sind, habe ich sie immer noch in meinem Herzen. Manchmal träume ich von ihnen, oder sie sind mir auf andere Weise nahe. Das gibt mir das Gefühl, dass ich sie nicht ganz verloren habe."

G: „Das glaube ich auch. Das ist in Ordnung so und ich habe auch das Gefühl, dass es dir dabei gut geht."

T: „Aber muss ich mich nicht von den Verstorbenen lösen? Sie sind doch tot!"

G: „Du hat selbst gespürt, dass du dich von ihnen in dem Sinn gelöst hast, dass dir immer klar war, dass du dein Leben ohne sie führen musst. Du hast eine eigene Familie gegründet und dein eigenes Leben gelebt. Trotzdem können wir auf einer anderen Ebene zu den Toten eine Beziehung aufnehmen, da wir nie aufhören, unsere Toten zu lieben. Was spricht dann dagegen, dass wir zu ihnen auch weiterhin eine gute Beziehung haben können und dürfen?"

T: „Aber man hört doch immer wieder, dass man die Toten loslassen soll. Erst dann, so heißt es, ist man über die Trauer hinweg!"

G: „Man weiß inzwischen, dass Loslassen nur ein Teil der Trauer ist. Natürlich können die Toten in unserem Leben keine konkreten Rollen mehr übernehmen, so dass wir uns insofern von ihnen trennen müssen. Auf der anderen Seite bildet sich aber auch eine neue, geistige Beziehung zu den Toten heraus. Sie bleiben ganz fest in unserem Herzen. Ich glaube, dass es genau das ist, was du gerade erfährst und dass das ganz in Ordnung ist."

T: „Ja, irgendwie spüre ich, dass das auch etwas sehr Schönes ist!"

G: „Ja, natürlich."

T: „Dann bin ich schon ein wenig beruhigt!"

Hier zeigen sich deutlich die Merkmale eines klientenzentrierten und damit sinnvollen Trauergesprächs: Die Antworten des Trauerbegleiters greifen die Gefühle der Trauernden auf einfühlsame und zugleich wertschätzende Weise auf und tragen so zu deren Klärung bei: Sie lernt das Aufsuchen ihres Elternhauses zu verstehen und zu akzeptieren als den äußeren Ausdruck dessen, dass zu der verstorbenen Familie immer noch eine positive Beziehung besteht, die jedoch einem gesunden Trauerprozess zu keiner Zeit im Wege gestanden hat. Der Trauerbegleiter verhilft ihr dazu, diese Beziehung als etwas Wertvolles zu würdigen; gegen die Bedenken der Trauernden, man müsse doch die Verstorbenen loslassen, gibt er die Information, dass dies nach heutigem Kenntnisstand einseitig und überholt ist. Damit konnte der Trauerbegleiter durch Wissensvermittlung über den Trauerprozess wertvolle Hilfe leisten. Zugleich wurde es vor diesem Hintergrund möglich, die Beziehung zu den Verstorbenen im Gespräch lebendig und erfahrbar werden zu lassen. Dadurch eröffnet sich in Beratung und Therapie die grundsätzliche Möglichkeit mit und an dieser Beziehung zu arbeiten; wird dagegen einseitig auf ein Loslassen des Verstorbenen hingewirkt, wird diese Möglichkeit zunichte gemacht. Darüber hinaus zeichnet sich der Trauerbegleiter dadurch aus, dass er stets authentisch ist und an keiner Stelle Unechtes, Vorgestanztes oder Fassadenhaftes von sich gibt.

4.1.3 Fallstricke des Trauergesprächs

Die Art der Gesprächsführung, wie sie das Klientenzentrierte Trauergespräch erfordert, ist mit zwei Problemen verbunden, die deren Erlernen erschweren. Das erste Problem besteht darin, dass die klientenzentrierte Art zu sprechen im Alltag unüblich ist; die zweite Schwierigkeit gründet in der Situation der Trauer selber. Das bedeutet im Einzelnen:

- Die gewohnten *Gespräche im Alltag laufen meist ganz anders ab,* als dies die Klientenzentrierte Gesprächsführung verlangt: Der Sprecher ist in der Regel ich-zentriert, d. h., er konzentriert sich allein auf sich selber, seine eigenen Gefühle, Interessen und Überzeugungen, und nicht auf den Gesprächspartner. Er wartet ungeduldig darauf, bis der andere zu reden aufhört, um selbst das Wort ergreifen zu können und z.B. einen konkreten Ratschlag zu geben, den der Sprecher für hilfreich hält. Dies führt häufig dazu, dass man dem anderen gar nicht richtig zuhört. Dass es auf diese Weise nicht möglich ist, den Gesprächspartner zu persönlichem Wachstum zu führen, in unserem Fall dazu, den ganz persönlichen Weg durch die Trauer zu finden, versteht sich von selbst. Dieser – falsche – Gesprächsstil lässt sich als direktiv (= lenkend, manipulierend) bezeichnen, während die Klientenzentrierte Trauerberatung eine non-direktive (= nicht lenkende) Gesprächsführung erfordert.
- In der Situation der Trauer ist denjenigen, die Trauernden helfen wollen, oft zu wenig bewusst, dass sie vor allem *Bescheidenheit* üben müssen. Zunächst kann es für den Trauerbegleiter nur darum gehen, einfach anwesend zu sein, Mitgefühl zu zeigen und als Ansprechpartner bereitzustehen. Dies hört sich einfach an, ist in Wahrheit jedoch unendlich schwer, da man unbewusst davon überzeugt ist, dass man es dabei nicht bewenden

lassen darf. Daher mühen sich viele darum, den Trauernden von seinem Schmerz zu befreien; zumindest will man erreichen, dass es ihm schnell wieder ein wenig besser geht. Die ohnehin schon belastende Begegnung mit Trauernden wird so zusätzlich durch überzogene Ansprüche, die der Helfende an sich selber stellt, erschwert. Der Trauerbegleiter muss sich daher damit abfinden, dass das Ziel einer kurzfristigen Befreiung von der Trauer unmöglich zu erreichen ist. Wenn er es dennoch versucht, hat dies seinen letzten Grund darin, dass er sich schwer damit tut, die Trauer des anderen auszuhalten. Es ist leichter, „praktische" Ratschläge zu geben und „passende" Worte zu sagen, als sich dem seelischen Leid eines anderen Menschen auszusetzen und einzugestehen, dass der Trauerschmerz sich nicht einfach „beheben" lässt. Freilich erliegen viele, die Trauernde trösten möchten, diesen Versuchungen, gewähren so jedoch keine Hilfe, sondern verletzen noch mehr (vgl. Schnelzer 2005, 54 f.).

Angesichts dieser Gefahren der Gesprächsführung ist es für den Trauerbegleiter unerlässlich, sich diese bewusst zu machen, sie als Laster zu erkennen und zu meiden. Da sich diese Laster oder Fallstricke der Gesprächsführung oft durch Gewohnheit tief eingeschliffen haben, erfordert deren Bearbeitung ein hohes Maß an Sensibilität und Selbstkritik. So ist es z. B. für jeden Trauerbegleiter sinnvoll, sich zu fragen, zu welchen Lastern der Gesprächsführung er persönlich neigt. Vielfach wird er dabei spüren, dass er sich, zumal in schwierigen Gesprächssituationen, in diesen Fallstricken der Gesprächsführung verfängt. In Form eines „Lasterkatalogs" sollen daher im Folgenden die häufigsten Verstöße gegen die Prinzipien der Klientenzentrierten Trauerberatung genannt werden (vgl. Schnelzer 2005, 55 ff.; Weber 2012, 37 ff.):

a. Ratschläge geben

Wer einem Trauernden *Ratschläge* gibt („Du solltest ein paar Tage wegfahren; schließ dich doch einem Sportverein an; konzentriere dich mehr auf andere Dinge"), dirigiert und bevormundet ihn. Er missachtet dessen Gefühle und Gedanken und verhindert so, dass dessen individuelle Fähigkeiten zur Trauerbewältigung aufgespürt und wirksam werden können. Der Trauernde fühlt sich in seiner Trauer weder verstanden noch angenommen, da sein Bedürfnis nach Autonomie untergraben wird. Ratschläge sind auch deshalb nicht hilfreich, weil sie oft einseitig darauf ausgerichtet sind, Ablenkung zu suchen, d. h. dem Trauerschmerz auszuweichen. Das eigene Nicht-aushalten-Können der Trauer wird so dem Trauernden als Hilfsmaßnahme empfohlen. Dass der Schmerz niemals bewältigt werden kann, wenn man ihn unterdrückt, sondern nur, indem man ihn zulässt, wird ignoriert.

Grundsätzlich kann Ablenkung ein sinnvolles Mittel sein, das dabei helfen kann, nicht ständig vom Trauerschmerz überfallen zu werden und wieder den Weg in den Alltag zu finden; sie ist jedoch dann unangebracht, wenn ein Trauernder über seinen Verlust und die damit zusammenhängenden Gefühle sprechen möchte.

b. Moralisieren

Moralisieren bedeutet, dass der Trauernde in irgendeiner Weise dafür verantwortlich gemacht wird, dass er seine gegenwärtige Lage als derart leidvoll erlebt („Du solltest dich wieder anderen Dingen zuwenden und nicht in Selbstmitleid versinken"). Dies erzeugt Angst, Scham und Schuldgefühle oder Auflehnung und Widerspruch, die in einem unfruchtbaren Streit enden können.

c. Vorgestanzte Floskeln verwenden (Dogmatisieren)

Wer dogmatisiert, glaubt, dass es für den Trauernden eine Hilfe sei, wenn man ihn mit „psychologischer" Volksweisheit oder mit „theologischen" Klischees konfrontiert („Lerne leiden, ohne zu klagen; wenn du glaubst, es geht nicht mehr, kommt von irgendwo ein Lichtlein her; Kopf hoch, das Leben geht weiter; wen Gott liebt, den schlägt er"). Diese Sätze müssen nicht zwingend falsch sein, doch ist derjenige, der sie verwendet, nicht mehr in der Lage, auf die ganz individuelle Trauersituation des Betreffenden einzugehen. Letztlich zeugen sie davon, dass der Trauerberater die Trauer nur schwer aushält; deshalb möchte er etwas sagen, das schlagartig bewirken soll, dass es dem Trauernden wieder besser geht.

d. Den Verlust herunterspielen (Bagatellisieren)

Eine große Versuchung, die das Trösten mit sich bringt, sind alle Bemühungen, das Geschehene in seiner Tragweite herunterzuspielen, d. h. zu bagatellisieren. Dazu zählt der Hinweis auf andere Menschen, die angeblich noch schwerere Verluste erlitten haben, oder darauf, dass der Verstorbene doch ein „schönes Alter" erreicht habe. Beides trägt in keiner Weise zur Milderung des Schmerzens bei, sondern reizt nur zum Widerspruch. Auch Äußerungen wie „Du kannst doch wieder Kinder bekommen" (beim Tod eines Kindes) oder „Du wirst sicher später noch einmal heiraten" (beim Tod eines Ehepartners) versuchen, den Verlust herunterzuspielen. Trauernde treffen solche Worte bis ins Mark, da sie spüren, dass ihr Schmerz nicht ernst genommen wird.

e. Gefühle vorschreiben (emotionale Verpflichtung)

Zu einem ähnlichen Ergebnis führt es, wenn der Trauernde *emotional in die Pflicht genommen* wird, d.h., wenn man ihm vorschreiben will, welche Gefühle er haben sollte. Dazu gehören alle Aufforderungen, stark oder dankbar für die gemeinsamen Jahre zu sein, aber auch die Empfehlung, nach einem langwierigen Sterbeprozess doch erleichtert zu sein, dass dieses furchtbare Leiden ein Ende hat. Selbstverständlich ist der Trauernde darüber froh, doch stellt er bald die ohne Zweifel berechtigte Frage, warum dieses Leiden nicht in der Heilung enden konnte bzw. warum der Betreffende überhaupt so schwer erkrankt ist.

f. Gefühlen ausweichen (Rationalisieren)

Manche weichen ganz vor den Trauergefühlen zurück, indem sie das Gespräch *allein auf der rationalen, d. h. verstandesmäßigen Ebene* führen und so dafür sorgen, dass Gefühle gar nicht erst vorkommen. Dies ist etwa dann der Fall, wenn man sich auf die medizinischen Aspekte des Sterbens eines Menschen beschränkt oder mit dem Trauernden *nur* praktische Erfordernisse bespricht, die sich durch einen Todesfall ergeben haben. Auf diese Weise geht der zentrale Charakter des Trauergesprächs gänzlich verloren.

g. Etikette aufkleben (Diagnostizieren)

Dem Trauernden wird auf pauschalisierende Weise ein Etikett aufgeklebt, das ihn abstempelt und verunsichert sowie zudem die Gefahr des Rationalisierens in sich birgt („Wie lang haben Sie diese Halluzinationen schon? Sie befinden sich in der 2. Trauerphase, stecken in dieser jedoch fest; sie sind ein Mensch, der eine schlechten Zugang zu seinen Gefühlen hat"). Von daher verbietet sich der Gebrauch von Fachbegriffen im Trauergespräch.

h. Projizieren

Projizieren meint, dass eigene Erfahrungen, Gedanken und Gefühle auf den Trauernden übertragen und diesem unterstellt werden. Dies geschieht immer dann, wenn es nicht gelingt, zwischen eigenen Trauererfahrungen und denen des Gesprächspartners zu unterscheiden. Dies ist häufig durch einen Mangel an Selbsterfahrung und Auseinandersetzung mit der eigenen Trauer bedingt.

i. Randprobleme zur Sprache bringen (Externalisieren)

Externalisieren geschieht immer dann, wenn es nicht gelingt, das, worauf es dem Trauernden zentral ankommt, aufzugreifen und zu spiegeln, sondern stattdessen Nebenaspekte oder Äußerlichkeiten zur Sprache gebracht werden. Wenn z. B. ein Trauernder sagt, dass er sich seit dem Tod der Ehefrau besonders einsam fühlt, wenn er am Abend nach Hause kommt, könnte eine externalisierende Antwort wie folgt lauten: „Häuser werden oft als einsam erlebt, wenn ein geliebter Mensch nicht mehr da ist".

j. Unablässig Fragen stellen

Fragen sind sinnvoll und erlaubt, wenn sie der Klärung eines Gefühls des Trauernden dienen („Verstehe ich Sie richtig, wenn ich sage ..."). Meist dienen jedoch Fragen dazu, das Gespräch zu lenken, so dass sein Inhalt nicht vom Trauernden, sondern vom Trauerbegleiter bestimmt wird („Wie geht es Ihren Kindern?").

Trauernde haben ein Recht darauf, von diesen Zerrformen des helfenden Gesprächs verschont zu werden. Sie sind einerseits sehr sensibel für solche falschen Formen des Tröstens, sehnen sich aber andererseits nach einem einfühlsamen Gesprächspartner, der all ihre Gefühle zulässt, sich auf sie einstimmt und dabei hilft, dass sie ausgedrückt und durchlebt werden können. Dieses Einfühlen muss praktiziert werden, mit dessen bloßer Behauptung ist es nicht getan („Ich kann dich gut verstehen, ich kann mit dir mitfühlen"), im Gegenteil: Solche Äußerungen werden oft als Provokation erlebt. Wie soll einer, so fragt der Trauernde mit Recht, mitfühlen können, der diesen einen Schmerz nicht durchleiden muss?! Einfühlung oder Empathie zu praktizieren, ist dagegen möglich, wenn man die Grundregeln der Gesprächsführung beachtet, die die oben vorgestellte Klientenzentrierte Trauerberatung vorsieht (vgl. 4.1.2).

4.1.4 Ausgewählte Themen und Probleme im Trauergespräch

4.1.4.1 Das Erstgespräch

Von einem Erstgespräch ist dann die Rede, wenn es zu mehreren Treffen zwischen dem Trauerberater und dem Trauernden kommt. Die Grundpfeiler der Klientenzentrierten Trauerberatung sind freilich auch im Rahmen eines einzelnen Gesprächs nützlich.

Für das Erstgespräch ist zunächst wichtig, das Vertrauen des Hinterbliebenen zu gewinnen sowie ihm das Gefühl zu vermitteln, dass er sein Leid klagen darf. Durch die klientenzentrierten Grundhaltungen ist die entsprechende positive Gestaltung der Beratungsbeziehung möglich.

Meist findet der Trauernde selbst einen Anfang, so dass ihm der Beginn des Gesprächs überlassen werden sollte: Er weiß am besten, was ihn bewegt und worüber er sprechen möchte; ist dies nicht der Fall, kann er dazu ermutigt werden, über den Todesfall zu sprechen: „Wollen Sie mir erzählen, was passiert ist?" Dies entspricht dem tiefen Bedürfnis des Trauernden, über den Verstorbenen zu reden.

Sollte der Trauernde keinen Anfang finden, können die Todesumstände erfragt werden (vgl. Wagner 2013, 41):

- Was war die Todesursache?
- Wo ist die Person verstorben?
- Was ging dem Todesfall voraus? (Krankheitsgeschichte, eine Depression mit entsprechenden psychiatrischen Behandlungsversuchen?)
- Wo ist die Person verstorben?
- Wo waren Sie zu diesem Zeitpunkt?
- Wer hat die Todesnachricht überbracht?
- Welche Gefühle und Gedanken waren bei Ihnen im Vordergrund?
- Haben Sie den Verstorbenen noch einmal gesehen?
- Wie war die Bestattung?
- Wer war bei Ihnen kurz nach dem Verlust?

4.1.4.2 Zorn und Aggression

Wie schon gesagt, ist Trauer oft mit Aggression verbunden (vgl. 2.1.1). Diese ursprünglich auf den Verstorbenen gerichtete Aggression wird jedoch auf andere verschoben – auch auf den Trauerberater. Es gilt daher, diese umgeleitete Aggression nicht persönlich zu nehmen. Vielmehr soll sie ohne Zurechtweisung zugelassen und dem Trauernden als „normal" verständlich gemacht werden, so dass sie durchlebt und verarbeitet werden kann.

4.1.4.3 Verunsicherung

Viele Hinterbliebene sind unsicher, ob sie „richtig" trauern bzw. suchen nach Bestätigung für das eigene Trauerverhalten. Diese Unsicherheit entsteht häufig dadurch, dass Außenstehende (Verwandte, Freunde) den Trauernden Ratschläge für ihr Verhalten geben oder gar entsprechende Forderungen an sie richten. Diese beziehen sich etwa auf die zeitliche Länge der Trauer, gesellschaftliche oder sonstige Aktivitäten oder neue Partnerbeziehungen. Solche Ratschläge und Forderungen gehen jedoch meist an den Gefühlen des Trauernden vorbei. Ziel der Beratung muss es daher sein, gegen diese Einflüsse das Vertrauen in die eigene, individuelle Fähigkeit zur Trauer zu bestärken und dabei zu helfen, dass diese auch gelebt werden kann.

4.1.4.4 Außergewöhnliche Erfahrungen

Es wurde bereits erwähnt, dass viele Trauernde so genannten Halluzinationen und Illusionen ausgesetzt sind, die sie u. U. beunruhigen (vgl. 2.1.3). Die Aufgabe des Beraters besteht darin, auf der Grundlage seines Wissens über den Trauerprozess dem Hinterbliebenen zu vermitteln, dass solche Erfahrungen häufig vorkommen und keinerlei Anlass zur Besorgnis sind. Gleichzeitig sollte er dem Trauernden die Möglichkeit geben, über derartige Erlebnisse zu reden. Die Angst, für verrückt gehalten zu werden, hat nämlich nicht selten verhindert, dass dieses Thema gegenüber Verwandten oder Freunden zur Sprache kommt. Sollten derartige Erfahrungen als tröstlich erlebt werden, sollten diese als Ressource des Trauernden genutzt und keinesfalls in Frage gestellt werden (vgl. 2.1.3).

4.1.4.5 Schuldgefühle

Wir haben gesagt, dass bei Trauernden häufig Schuldgefühle auftreten (vgl. 2.1.2). Sie gründen meist in phantasierten, d. h. nicht realen Versäumnissen und dürften, da nach einem Todesfall immer Unerledigtes bleibt, unausweichlich sein.

Jerneizig et al. (1994, 100) berichten von dem Fall eines Ehemannes, der seine sterbende Frau im Krankenhaus aufopferungsvoll betreut hatte, zum Zeitpunkt ihres Todes jedoch abwesend war. Die daraus resultierenden Schuldgefühle versuchte der Mann – was ihm freilich nicht bewusst war – dadurch zu „bewältigen", dass er immer wieder unter Vorwänden das betreffende Krankenhaus aufsuchte. Der Berater ist in solchen Fällen dazu angehalten, dem Trauernden dabei zu helfen, seine Schuldgefühle zu erkennen und auszudrücken. Werden die Schuldgefühle auf diese Weise bewusst gemacht, ist bereits die Grundlage für deren Bearbeitung gegeben.

Generell kann Unerledigtes in Bezug auf den verstorbenen Menschen – wie Jerneizig u. a. empfehlen – durch *fingierte Abschiedsgespräche* aufgearbeitet werden („Sagen Sie es ihm/ihr jetzt!"). Irrationale Schuldgefühle infolge von angeblichen Versäumnissen im Allgemeinen können nach Worden mit der Methode der *Realitätsprüfung* angegangen werden. Er beschreibt dieses Verfahren folgendermaßen:

> Wenn jemand sagt: „Ich habe nicht genug getan", frage ich: „Was haben Sie denn getan?", und dann heißt es: „Nun, folgendes." Daraufhin ich: „Was haben Sie außerdem getan?" – „Na ja, also dies noch." – „Und was weiter?" – „Ja, und dann das." Immer mehr fällt ihnen ein, sie sagen: „Dies habe ich getan und das und jenes." Nach einer Weile gelangen sie zu dem Schluss: „Vielleicht habe ich wirklich alles getan, was mir unter den Umständen möglich war" (vgl. Worden 2011, 94).

Zur Erleichterung des Hinterbliebenen wird sich meist zeigen, dass die unrealistischen Schuldgefühle der Realitätsprüfung nicht standhalten. Schwieriger liegen die Dinge bei tatsächlicher Schuld, die durch eine Realitätsprüfung nur noch deutlicher zutage treten würde. Eine Vergebung im religiösen Sinn wäre, sofern eine entsprechende Überzeugung besteht, in jedem Fall hilfreich, da – theologisch gesehen – vor Gott keine Schuld so groß sein kann, dass sie nicht vergeben werden könnte. Besteht diese Überzeugung jedoch nicht, müssen andere Wege gegangen werden. So sagt die Psychologin Verena Kast über einen verwitweten Klienten, der offenbar reale Schuld auf sich geladen hatte:

> Ich habe mir während der Behandlung oft gewünscht, der Mensch wäre ein gläubiger Christ, könnte beichten und an die Vergebung glauben – aber er konnte es eben nicht. Menschen, die im Zusammenhang mit Tod und Schuldgefühlen dem Verstorbenen gegenüber zum Psychotherapeuten kommen, können ja oft nicht an die Vergebung glauben (Kast 2000, 113).

Eine Lösung des Problems könnte auf die folgende Weise geschehen: Der Psychologe Reinhard Tausch betont, dass die religiöse Botschaft, *anderen* zu vergeben, zugleich eine psychotherapeutische Botschaft ist, heilsam auch für den, der vergibt, nicht nur für den anderen, dem vergeben wird. Immer wieder habe er die Erfahrung gemacht: „Menschen, die andern leichter vergeben konnten, konnten auch sich selbst eher vergeben oder andere um Vergebung bitten" (Tausch 2006, 258). Das bedeutet: Der Weg, sich selber vergeben zu können, geht über die Vergebungsbereitschaft anderen gegenüber. Unter dieser Voraussetzung könnte die folgende Frage an einen Menschen mit realer Schuld entlastend sein: „Wenn jemand, den Sie gerne haben, solche Schuldgefühle hätte, was würden Sie ihm sagen? Wären Sie ihm gegenüber genauso unerbittlich wie gegen sich selber?" Unter der Voraussetzung einer Bereitschaft zur Vergebung anderen gegenüber, würde die Frage verneint werden; sich selber und andere mit zweierlei Maß zu messen, würde spontan als irrational und nicht haltbar erkannt; die eigenen Schuldgefühle gehen zurück (vgl. Tausch 2006, S. 254 ff.).

4.2 Trauergruppen

Trauergespräche können auch in einer Gruppe stattfinden. Inzwischen sind Trauergruppen eines der am häufigsten wahrgenommenen Hilfsangeboten für Trauernde. Bevor im Folgenden Hinweise für den Aufbau einer Trauergruppe gegeben werden (vgl. 4.2.3), soll geklärt werden, was eine Gruppe überhaupt ist (vgl. 4.2.1), sowie über generelle Vorzüge von Gruppengesprächen für Trauernde informiert werden (vgl. 4.2.2).

4.2.1 Was ist eine Gruppe?

Unter einer Gruppe versteht man eine Mehrzahl von Personen, die durch aufeinander bezogene Interaktionen miteinander verbunden sind, d. h. verbal (durch Sprache) oder nonverbal (ohne Sprache) aufeinander einwirken; sie verfügt darüber hinaus über gemeinsame Ziele und Normen, die ihre Mitglieder vereinen und so für die Identifikation mit der Gruppe, d. h. für das Gefühl der Zugehörigkeit zu ihr sowie ein solidarisches Wir-Gefühl sorgen. Üblicherweise hat die Gruppe eine besondere Struktur, die das Rollenverhalten der Mitglieder aufeinander abstimmt, eine Gruppenleitung sowie ein kommunikatives Netzwerk. Was die Zielgruppe trauernder Menschen anbelangt, verfügen Gespräche in der Gruppe über eine Reihe von Vorzügen, die im Folgenden genannt werden:

4.2.2 Vorzüge von Gruppengesprächen

- Die Teilnehmer erleben die Universalität menschlichen Leids: Sie erfahren, dass nicht nur sie Schwierigkeiten mit ihrer Trauer haben, sondern auch andere Personen.
- Die Gruppe gibt Gelegenheit zur Beobachtung und Nachahmung hilfreicher Modelle: Die Teilnehmer erhalten Einblicke und Anregungen, wie andere ihre trauerspezifischen Probleme angehen und lösen, zugleich erhalten sie eine Rückmeldung darüber, wie andere ihre eigenen Schwierigkeiten sehen.

- Die Teilnehmer werden angeregt, sich zu öffnen und über sich und ihre Trauer zu sprechen.
- Die Teilnehmer werden von mehreren Personen in ihrer Trauer wertschätzend angenommen und geachtet. Sie erleben so das Gefühl von Zugehörigkeit und Akzeptiert werden.
- Letzteres ist von zentraler Bedeutung: Trauernde machen immer wieder die schmerzliche Erfahrung, dass sich Freunde und Verwandte von ihnen zurückziehen. Sie fühlen sich dadurch in Stich gelassen und überfordert. Umso wichtiger können die positive Zuwendung durch die Gruppe und die hilfreichen Erfahrungen mit ihr sein:

  „Das gemeinsame Teilen einer äußerst schmerzhaften Erfahrung und das Miterleben, welche Wege andere Menschen nach einem ähnlichen Verlust gegangen sind, können wichtige Wirkfaktoren für den Trauerprozess sein. Hilfe bekommen und geben ist ein zentraler Aspekt von Trauergruppen" (Wagner 2019, 104).

  Deshalb stellen Trauergruppen einen wesentlichen und nachweislich hilfreichen Bestandteil in der psychosozialen Versorgung Trauernder dar. Lediglich Trauernde, die eine psychische Störung (z. B. eine Depression) entwickelt haben, belasten den Gruppenprozess und führen zu einer Überforderung der Gruppe (vgl. Wagner 2019, 104. 108 f.).
- Die Teilnehmer einer Trauergruppe erhalten also die Gelegenheit, anderen Trauernden bei der Bewältigung ihrer Schwierigkeiten zu helfen. Dies ist auch deshalb sehr wichtig, weil die Erfahrung, gebraucht zu werden und für andere hilfreich zu sein, für den Betreffenden Sinnerfahrung und Steigerung des Selbstwertgefühls sowie des Gefühls der Selbstwirksamkeit bedeutet.

4.2.3 Hinweise zum Aufbau einer Trauergruppe

(vgl. Worden 2011, 109 ff.; Wagner 2019, 104 ff.)

4.2.3.1 Zur Festlegung der Rahmenbedingungen

Gruppen können bezüglich ihrer Struktur geschlossen oder offen sein. Geschlossen heißt: Eine Gruppe existiert für eine festgelegte Zeit; alle Teilnehmer beginnen und beenden die Gruppe zum gleichen Zeitpunkt. Offen bedeutet: Der Abschluss der Gruppe ist nicht vorgegeben; die Teilnehmer kommen und gehen, je nachdem, ob die Gruppe ihre persönlichen Bedürfnisse erfüllt oder nicht. Für beide Formen der Gruppe lassen sich Argumente anführen. Für offene Gruppen (z. B. Trauercafés) spricht, dass Interessenten nicht mit dem Hinweis zurückgewiesen werden müssen, dass die Gruppe schon begonnen hat; andererseits ist es nicht einfach, neue Mitglieder zu integrieren; die Gruppe muss in diesem Fall immer wieder „bei Null" anfangen, da die neu Hinzugekommenen die einzelnen Schicksale der Teilnehmer (noch) nicht kennen und nicht wissen, was in der Gruppe bereits geschehen ist. Weiterhin muss angesichts der veränderten Gruppenzusammensetzung immer wieder neu eine Vertrauensbasis geschaffen werden.

Darüber hinaus muss eine Entscheidung über Anzahl und Zeitdauer der Gruppensitzungen, die Größe der Gruppe, den Ort ihrer Zusammenkünfte sowie über die Kosten für die Teilnehmer getroffen werden. Bewährt hat sich eine Gruppengröße von 8–10 Teilnehmern, die sich wöchentlich für 90 Minuten treffen.

Eine finanzielle Beteiligung empfiehlt sich, da dadurch die Motivation und die Bereitschaft zur regelmäßigen Teilnahme verbessert werden.

4.2.3.2 Zur Auswahl der Teilnehmer

Es hat sich bewährt, Teilnehmer mit ähnlichen Verlusterfahrungen zusammenzuführen, etwa in einer Gruppe trauernder Eheleute, trauernder Eltern oder Hinterbliebener nach einem Suizid. Falls eine derartige einheitliche Gruppe nicht zustande kommen kann, weil sich nicht genügend Personen mit einem ähnlichen Verlusterlebnis finden, sollte darauf geachtet werden, dass mindestens zwei Teilnehmer ähnliche Trauererfahrungen gemacht haben, da sich der Betreffende andernfalls als Außenseiter fühlen könnte.

Eine wichtige Frage betrifft auch die zeitliche Nähe des Verlusterlebnisses. Es ist wichtig, keine Personen aufzunehmen, deren Verlusterlebnis lediglich sechs Wochen oder weniger zurückliegt, da die Betreffenden in diesem frühen Stadium der Trauer mit der Gruppensituation noch überfordert sind; in diesem Fall ist Einzelgesprächen der Vorzug zu geben. Dass die Trauererfahrungen bei verschiedenen Teilnehmern unterschiedlich lang zurückliegen, ist kein grundsätzliches Problem, ganz im Gegenteil: Gerade Personen, die in ihrer Trauer schon weiter fortgeschritten sind, können den noch akut Trauernden als Vorbild dienen und in ihnen die Hoffnung auf Verbesserung ihrer Befindlichkeit wachrufen („Dieser/diese hat es auch geschafft; auch ich kann soweit kommen"). Umgekehrt erkennt der „fortgeschrittene Trauernde" am Beispiel noch akut trauernder Menschen, welch ansehnliche Strecke auf dem Weg durch die Trauer er schon zurückgelegt hat und erfährt so weitere Ermutigung.

4.2.3.3 Zur Klärung von Erwartungen

Vorab sollten die Erwartungen der Teilnehmer an die Gruppe geklärt werden, denn wenn ein Teilnehmer aus Enttäuschung die Gruppe nicht mehr besucht, kann sich dies auf die ganze Gruppe demotivierend auswirken. Diese Klärung sollte bereits im Vorfeld in Form eines Einzelgesprächs erfolgen, in dem auch mitgeteilt werden sollte, was die Gruppe zu leisten vermag und was nicht bzw. was von den Teilnehmern erwartet wird. So könnte bei dieser Gelegenheit der Hinweis gegeben werden, dass eine Gruppe davon lebt, dass die Teilnehmer dazu bereit sind, sich in einem gewissen Maße anderen zu öffnen und dass eine Person, die diese Voraussetzung nicht erfüllt, für eine Gruppe ungeeignet ist.

4.2.3.4 Zur Festlegung von Grundregeln

Vor Beginn der Arbeit in der Gruppe sollte der Gruppenleiter gewisse Grundregeln festlegen. Diese geben den Teilnehmern eine Struktur vor, die ihnen ein Gefühl von Halt und Sicherheit verleiht. Zugleich kann unter Berufung auf diese Regeln deren Verletzung durch einen Teilnehmer vom Gruppenleiter ohne weiteres angesprochen werden. Folgende Grundregeln haben sich als sinnvoll erwiesen:

a. Jeder Teilnehmer erscheint rechtzeitig zu den jeweiligen Sitzungen.

b. Was innerhalb der Gruppe gesprochen wird, dringt nicht nach außen.

c. Was über das jeweilige Verlusterlebnis mitgeteilt wird, entscheidet alleine der betreffende Teilnehmer.

d. Jeder Teilnehmer hat die gleiche Sprechzeit zur Verfügung; dies soll verhindern, dass sich ein Teilnehmer in den Vordergrund drängt und deutlich machen, dass die Erfahrungen der einzelnen Teilnehmer gleich viel wert sind.

e. Grobe Laster der Gesprächsführung sind unerwünscht; dies gilt insbesondere für das Erteilen von Ratschlägen, das Moralisieren, das Dogmatisieren sowie das Bagatellisieren (vgl. 4.1.3); was schon im Einzelgespräch nicht hilfreich ist, ist es auch im Gruppengespräch nicht. Wenig konstruktiv und daher schon im Vorfeld zu unterbinden, ist die dem Bagatellisieren entgegengesetzte Tendenz, sich in einen sinnlosen Wettbewerb darüber zu begeben, wen das Schicksal schwerer getroffen hat und wer deshalb das Recht dazu hat, dass es ihm schlechter geht als den anderen.

4.2.3.5 Zur Festlegung der Gruppenleitung

Für die Form der Gruppenleitung bestehen zwei grundsätzliche Möglichkeiten:

a. Selbsthilfegruppen: Diese werden von Personen geleitet, die selbst Betroffene, also in der Regel Laien sind.

b. Professionell geleitete Gruppen: Diese werden von Fachleuten (Psychologen, Sozialpädagogen, Psychotherapeuten) geleitet.

Welche Form der Leitung vorzuziehen ist, ist umstritten. Nach Ralf Jerneizig et al. (1994) können reine Selbsthilfegruppen problematisch sein. So habe eine Studie ergeben, dass Teilnehmer, die aufgrund ihrer depressiven Symptomatik mit Apathie und Antriebslosigkeit nicht aktiv an den Gruppenprozessen teilhaben konnten, eine deutliche Zunahme dieser Symptome aufwiesen; dies habe immer wieder zum Scheitern von Selbsthilfegruppen geführt (vgl. 4.2.2). Insgesamt lasse sich sagen, dass reine Selbsthilfeansätze für Verwitwete nicht immer ein geeignetes Hilfsangebot darstellen: Die individuellen Unterschiede der Trauerreaktionen und -verläufe sind u. U. zu groß und können den Rahmen einer Selbsthilfegruppe leicht sprengen. Eine Ausnahme stellen Gruppen verwaister Eltern dar, da sich die Betreffenden erfahrungsgemäß damit schwer tun, eine Gruppenleitung durch eine Person zu akzeptieren, der nicht das gleiche Schicksal widerfahren ist (vgl. 5.2.2). Jerneizig et al. (1994, 60) fassen ihre Erkenntnisse wie folgt zusammen (vgl. Wagner 2019, 109):

- Trauergruppen sollten nicht als reine Selbsthilfegruppen agieren, sondern professionell geleitet und begleitet werden. Selbstbetroffene Leiter einer Trauergruppe können sich besonders gut in die psychische Situation der Hinterbliebenen einfühlen; gleichwohl sollten sie „mit psychotherapeutischen Gruppenprozessen und -dynamiken vertraut sein" (Wagner, 2019, 109).
- Gruppen sollten, insbesondere bei Personen mit problematischem Trauerverlauf, nicht die einzige Form der Hilfe sein, sondern durch ein individuelles Gesprächsangebot (Beratung und/oder Psychotherapie) ergänzt werden.

Was die konkrete Gestaltung der Gruppenleitung anbelangt, ist es ratsam, in einer ersten Gruppenphase aktiv zu agieren und sich mehr und mehr zurückzunehmen, sobald die Gruppe eine gewisse Dynamik entwickelt hat. Ein allzu zurückhaltender Gruppenleiter zu Beginn der Gruppenarbeit könnte für Orientierungslosigkeit und Verunsicherung sorgen.

Wichtig ist weiterhin, dass der Gruppenleiter seine Aufmerksamkeit gleich verteilt, d. h. niemanden in irgendeiner Weise bevorzugt. Versuche von Gruppenteilnehmern, sich beim Gruppenleiter in den Vordergrund zu spielen, etwa durch private Einladungen, sind zurückzuweisen.

4.2.3.6 Zum Umgang mit nicht hilfreichem Verhalten

In Gruppengesprächen kommt es immer wieder zu störenden Verhaltensweisen. Zum Teil sind uns diese bereits von den Fallstricken der Gesprächsführung her bekannt (vgl. 4.1.3):

a. *Kokettieren mit der Schwere des eigenen Verlustes* („Ich habe mehr verloren als du!"). Der Gruppenleiter könnte dem entgegenhalten: „Jeder der hier Anwesenden hat einen Menschen verloren, der ihm sehr wichtig war. Verluste miteinander zu vergleichen, bringt uns nicht weiter!"

b. *Ratschläge geben.* Da Ratschläge von Trauernden als nicht hilfreich erlebt werden, sollte folgende Vereinbarung getroffen werden: „Wir geben keine Ratschläge, es sei denn, man bittet uns darum."

c. *In Passivität verharren.* Personen, die nicht am Gruppengeschehen teilnehmen, sorgen vielfach für Irritationen. So könnte deren Schweigen als Kritik an der Gruppe missverstanden werden. Diesem Verhalten kann dadurch vorgebeugt werden, dass jeder Teilnehmer in der ersten Sitzung dazu aufgefordert wird, über sein Verlusterlebnis zu sprechen. Geschieht dies nicht, wird der Teilnehmer auch weiterhin schweigen, da es ihm zunehmend schwerer fällt, sich in das Gruppengespräch einzuschalten.

d. *Andere unterbrechen.* Wenn ein Teilnehmer einem anderen ins Wort fällt, sollte diese Person dazu ermuntert werden, ihre Äußerung solange zurückzuhalten, bis der andere zu Ende gesprochen hat.

e. *Wichtiges erst am Ende der Sitzung einbringen.* Immer wieder äußern Teilnehmer wichtige Dinge erst am Ende der Sitzung. Diesem Versuch, den zeitlichen Rahmen zu sprengen und sich dadurch in den Mittelpunkt zu stellen, sollte mit der Aufforderung an den Betreffenden begegnet werden, seine Äußerung, gerade weil sie wichtig ist, nicht „zwischen Tür und Angel" einzubringen, sondern gleich zu Beginn der nächsten Sitzung.

f. *Den Gruppenleiter nach der Sitzung ansprechen.* In diesem Fall kann der Gruppenleiter darauf hinweisen, dass die jeweilige Äußerung so wichtig ist, dass sie der Gruppe nicht vorenthalten werden sollte und den Betreffenden ermuntern, die nächste Sitzung gleich damit zu beginnen.

g. *Sachfremde Kommentare abgeben.* Gelegentlich äußern Gruppenmitglieder Gedanken, von denen nicht ersichtlich ist, inwiefern sie mit dem aktuell behandelten Thema zusammenhängen. In diesem Fall sollte man den Betreffenden auffordern, diesen Zusammenhang zu erklären.

4.3 Trauerrituale

4.3.1 Zur Psychologie des Rituals

4.3.1.1 Was ist ein Ritual?

Denken, Fühlen und Handeln gelten als die drei grundlegenden Aspekte seelischen Lebens. Dies wurde bereits bei der Beschreibung der Symptomatik der Trauer deutlich, die eine affektive (gefühlsmäßige), kognitive (das Denken betreffende) und eine volitive (das Verhalten betreffende) Ebene kennt (vgl. 2.1). Auch die körperliche (somatische) Ebene psychischer Vorgänge kann, da von außen beobachtbar, dem Verhalten im weiteren Sinn zugerechnet werden. Daraus ergibt sich, dass der Mensch in Leib und Seele existiert und dass diese wechselseitig aufeinander einwirken: Der Leib bzw. das Körperliche und das Verhalten werden von der Seele bzw. den inneren seelischen Prozessen durchformt und geprägt, während sich die Seele bzw. die inneren seelischen Prozesse im Leib bzw. im Körperlichen und im Verhalten ausdrücken. Daher gehört es zum Wesen des Menschen, seine Stimmungen und Gefühle, aber auch seine Überzeugungen und Denkweisen, nicht nur in Worten (etwa im Gespräch), sondern auch „leibhaftig", d. h. im konkreten Handeln zum Ausdruck zu bringen. Dies kann in Bildern und Symbolen geschehen, in künstlerischen Gestaltungen und nicht zuletzt im *Ritual.*

Das Wort Ritual kommt vom lateinischen Wort ritus, das heiliger Brauch sowie religiöse Satzung oder Zeremonie bedeutet. Unter Ritual versteht man dementsprechend ein der Form nach vorgegebenes Verhalten, das bewusst gestaltet wird. „Rituale sind strukturierte und geplante Formen standardisierter Wiederholungen" (Vogel 2022, 179). Ihre Wirksamkeit gründet darin, dass die am Ritual Beteiligten die dahinter stehenden Gefühle, Stimmungen sowie Denkweisen und Überzeugungen mittragen. Anders ausgedrückt: „Rituale funktionieren … nur, wenn wir nicht nur Zuschauer bleiben, sondern auch … ‚Akteure' werden" (van der Hart 1982, 12).

4.3.1.2 Zur Funktion des Rituals

Zu allen Zeiten war es den Menschen ein Anliegen, durch Rituale Ordnung und Struktur in ihre Lebensabläufe zu bringen. In besonderer Weise gilt dies für zentrale Abschnitte des Lebens, die durch Rituale eingeleitet, begleitet und abgeschlossen wurden. Auch bei Übergängen, die mit Veränderungen einhergehen, sollte das Ritual Sicherheit, Halt und Sinnstiftung bieten, angesichts der Angst, die alles Neue, da es in Unbekanntes führt, mit sich bringt. Rituale sind demnach „Schlüsselszenarien einer Kultur, mit ihrer Hilfe können Übergänge vollzogen werden" (van der Hart 1982, 10). Arnold van Gennep hat daher bereits 1909 von „rites de passage", von Übergangsriten gesprochen, die Übergänge verschiedenster Art begleiten, herbeiführen und bewältigen.

Bestimmte Übergänge werden auch in unserer Kultur durch mehr oder weniger feste Rituale deutlich markiert. Hochzeitszeremonien sind beispielsweise die Schlüsselszenen bei der Heirat; das kirchliche Leben ist generell zu einem erheblichen Teil von Ritualen geprägt: Man denke nur an die Sakramente und ihre Riten sowie nicht zuletzt an die kirchlichen Trauerrituale, die zeigen, wie vom Verstorbenen Abschied genommen und um ihn getrauert werden kann. Weit verbreitet sind von daher individuelle Rituale wie Morgenrituale, Arbeitsrituale und Abendrituale sowie Familienrituale. Andere Kulturen kennen Rituale, die bei uns nicht vorkommen, etwa „Pubertätsrituale", mit denen der Übergang vom Kind zum Heranwachsenden gekennzeichnet wird. Häufig kommt dabei symbolisch zum Ausdruck, dass der alte Zustand, d. h. das Kindsein, gleichsam gestorben ist, und dass die Person zu einem neuen Zustand, dem Status des Heranwachsenden, geboren wird. Generell kann das Symbol, da es stellvertretende Funktionen übernimmt – es steht für das, was es symbolisieren soll, z. B. für den Abschied – als die kleinste Einheit des Rituals gelten.

Die Wirksamkeit des Rituals ist an zwei Voraussetzungen gebunden:

a. Es muss bewusst vollzogen werden.

b. Es muss neben der individuellen Ebene über eine darüber hinausgehende sozial-kollektive Dimension verfügen, d. h., es muss das Verhalten von Menschen untereinander betreffen.

4.3.1.3 Aspekte des Rituals

a. Symbolhandeln: Rituale bedeuten ein über Gedanken, Worte und Gefühle hinausgehendes konkretes Tun mit symbolischer Bedeutung.

b. Wiederholung: Die Wiederholung des Rituals schafft Vertrautheit.

c. Stabilisierung: Das rituelle Tun überschreitet in seiner Bedeutung die alltägliche Verwendung der entsprechenden Verhaltensweisen.

d. Ordnung: Rituale verfügen über einen klaren Anfang und ein klares Ende, bieten jedoch Raum für kreative Ausgestaltungen.

e. Sinnenfälliger Präsentationsstil: Rituale werden so inszeniert, dass ein aufmerksamer, auf das Geschehen konzentrierter Bewusstseinszustand entsteht.

f. Kollektive Dimension: Rituale sind dem rein individuellen Erlebnisbereich enthoben; dieser wird zwar nicht getilgt, doch wird das individuelle Erleben (z. B. der Trauer) in einen sozialen und kollektiven Zusammenhang gestellt. Das Ritual bewegt sich damit im Spannungsfeld von persönlichem Erleben und Gruppenverhalten.

4.3.2 Trauerrituale – damals und heute

4.3.2.1 Trauerrituale in der Tradition

Wenn Rituale Ordnung schaffen, Sinn stiften und Angst bändigen sollen (vgl. 4.3.1.2), liegt es nahe, dass ihnen gerade in der Zeit der Trauer, in der die Ordnung aus den Fugen geraten ist, die Erfahrung von Sinn infrage steht und Angst herrscht, eine besondere Bedeutung zukommt. Dementsprechend sind Rituale, mit denen Menschen ihren Schmerz über den Verlust einer geliebten Person zum Ausdruck bringen, so alt wie die Menschheit selbst. So berichtet das Alte Testament von einer Fülle von Riten, die dem Menschen der Bibel geholfen haben, seiner Trauer eine Form zu geben. Zunächst ist von Riten die Rede, die die Kleidung des Trauernden betreffen: Er zerreißt seine Kleider, zieht seine Schuhe aus, er hüllt sich in ein Trauertuch; andere Riten betreffen den leiblichen Ausdruck der Trauer: der Trauernde rauft sich die Haare, verhüllt seinen Kopf oder schert sich eine Glatze, streut Asche auf sein Haupt, schlägt sich auf die Brust, ritzt sich die Haut auf oder verweigert die Nahrung; weiterhin wird von Riten berichtet, die in einer bestimmten Körperhaltung zum Ausdruck kommen: Der Trauernde setzt oder legt sich auf den Boden und wälzt sich im Staub.

Eine Form ritueller Klagegesänge, die bis heute in bestimmten Gegenden Griechenlands praktiziert wird, sind die volksliedhaften Myroloja, bei denen „Klageweiber" zu den Toten gerufen werden, die dessen Leben und Sterben besingen.

Bei Ritualen um Tod und Sterben haben seit jeher immer auch feste Trauerzeiten und eine bestimmte Trauerkleidung einen zentralen Platz eingenommen.

4.3.2.2 Trauerrituale heute

Der heutige Stellenwert der Trauerrituale lässt sich nicht leicht beschreiben. Wenn von einem Verstorbenen Abschied genommen werden muss, sind dafür auch in unserer Kultur traditionelle Beerdigungs- und Trauerrituale vorgesehen. Auch heute noch wird vielen Hinterbliebenen durch diese überlieferten Formen geholfen, den Verlust zu verarbeiten; die Trauernden können kollektiv ihre Trauer äußern und von ihrem Umfeld soziale Unterstützung erfahren. Abgesehen davon, dass sich die Zahl der Trauerriten inzwischen deutlich vermindert hat – über eine gewisse regionale Bedeutung verfügen noch die Aussegnungsfeier, d. h. ein kurzer Gottesdienst, bevor der Leichnam das Haus verlässt, der Totenrosenkranz, der Leichenschmaus nach der Begräbnisfeier sowie die Trauerkleidung und das Trauerjahr –, haben diese dadurch, dass heute 40 % der Bevölkerung als „kirchenfern" bzw. „konfessionslos" gelten müssen, erheblich an Einfluss verloren. Da Rituale nur dann wirksam sein können, wenn die Betreffenden nicht nur Zuschauer, sondern auch Akteure sind, d. h. das Geschehen mitvollziehen können, liegt es auf der Hand, dass kirchliche Rituale, die inhaltlich zutiefst vom christlichen Glauben geprägt sind, zwar für religiöse Menschen nach wie vor hilfreich sind, Kirchenferne jedoch kaum mehr erreichen.

Angesichts dieser Situation bieten sich „freie Rituale" an, die für die kirchlichen Rituale keine Konkurrenz bedeuten müssen, sondern ein „sinnvolles ergänzendes Angebot" (Görke-Sauer 2005, 79) sein können, das dem Bedürfnis nach Individualität Rechnung trägt. Ich verweise in diesem Zusammenhang auf das Buch von Martina Görke-Sauer „Im Land der Trauer. Abschiedsrituale" (2006). Zur Veranschaulichung eines freien Rituals sei das folgende Beispiel wiedergegeben (aus Görke-Sauer 2005, 75):

> Eine Musikerin, die mit 49 Jahren an Krebs verstarb, hatte gemeinsam mit ihrem Ehemann alle Einzelheiten der Beerdigung geplant. Gemeinsam war eine Grabstätte ausgesucht worden, die Beschriftung des Grabsteins festgelegt worden. Die Trauergäste saßen im Kreis um den Sarg herum, neben dem Sarg saß der Ehemann und neben ihm symbolisch für die Verstorbene ein leerer Stuhl mit einer Rose. Eine Pianistin spielte Chopin, eingeflochten in die Ansprache wurden Gedichte vorgelesen, welche die Verstorbene in der Zeit ihrer Krankheit geschrieben hatte. Es gab eine längere Zeit der Stille und zum Abschluss wurden die Trauergäste, von Musik begleitet, aus der Feierhalle geführt.

> Die ungewöhnliche Sitzordnung war Sinnbild der Verlorenheit und Einsamkeit des Ehemannes; der Kreis zugleich ein Symbol des Schutzes und der Geborgenheit. Durch die Gedichte kam die Verstorbene selbst „noch einmal zu Wort" und die Musik öffnete die Situation des Abschieds wieder zum Leben hin.

Aus psychologischer Sicht bleibt anzumerken, dass der kollektiv-soziale Aspekt des Rituals – individuelle Rituale sind davon nicht betroffen (vgl. 2.3.2.1) – generell in dem Maße an Bedeutung verloren hat als die westliche Industriegesellschaft eine umfassende Individualisierung bewirkt hat. Diese Individualisierung schränkt die Bedeutung wie auch immer gearteter kollektiver Angebote, seien es Gruppen (vgl. 4.2.3.5) oder Rituale, auf eine grundsätzliche Weise ein. Das bedeutet für die Situation der Trauer: Wo in früheren Gesellschaften Lebenskrisen durch Übergangsriten kollektiv gemeistert wurden, sind es in den individualisierten westlichen Gesellschaften primär Einzelne, die auf eine ganz persönliche Weise trauern und dementsprechend ihren ganz persönlichen Weg durch ihre Trauer finden müssen:

> In den früheren Gesellschaften trauerte das „Wir", in der modernen Gesellschaft das „Ich". So können auch „neue" Trauerriten keine Abhilfe schaffen. In einem gesellschaftlichen Kontext, der allgemein gültige Normen und Rituale … des Trauerverhaltens fast vollständig außer Kraft gesetzt hat, und ein allumfassendes Individuationsprinzip an deren Stelle treten ließ, müssen gruppeninterne Versuche, neue Rituale zu „erfinden" und zu etablieren, scheitern. Die Trauernden bleiben immer „Ich"-Personen und müssen ihre eigene, jeweils individuelle Trauer verarbeiten (Jerneizig et al. 1994, 7 f.).

Daraus ergibt sich erneut, dass das Trauergespräch, insbesondere wenn es auf klientenzentrierte Weise geführt wird, durch seine Fähigkeit, ganz individuell auf den Trauernden einzugehen, als das zentrale und konkurrenzlose Verfahren der Trauerbegleitung gelten muss (vgl. 4.1.2.1). In diesem Rahmen ist es jedoch sinnvoll mit dem Trauernden *individuelle* Rituale zu erarbeiten, die seiner ganz persönlichen Trauererfahrung Ausdruck geben können. Insofern ist eine lohnende Aufgabe in Psychotherapie und Beratung „mit trauernden Menschen auf die Suche nach einem individuellen Abschiedsritual, aber auch nach regelmäßigen Ritualen zur Bewahrung des Verstorbenen zu suchen" (Vogel 2022, 180). In 2.3.2.1 wurden bereits entsprechende Anregungen gegeben.

In diesem Zusammenhang sei auf die Ergebnisse der Trendstudie des Zukunftsinstitut Matthias HORX (vgl. Arbeitsgemeinschaft Friedhof und Denkmal 2019, 22 ff.) verwiesen, die u. a. gezeigt hat, dass der Ort der Beisetzung für die Trauerbewältigung von größter Bedeutung ist, und zwar deshalb,„weil er einerseits ermöglicht, die Traueremotionen zuzulassen und zu verarbeiten, und andererseits in Gestalt von rituellem, also aktivem Handeln Wege aufzeigt, die Beziehung zum Verstorbenen aufrechtzuerhalten und diese in neuer Weise weiterzuführen" (ebd., 44)

4.4 Prüfungsfragen

1. Nennen und erläutern Sie allgemeine Grundsätze des Trauergesprächs!
2. Nennen und erläutern Sie die Vorzüge der Klientenzentrierten Trauerberatung!
3. Was bedeutet klientenzentrierter Umgang mit dem Trauernden?
4. Nennen und erläutern Sie an jeweils einem Beispiel sechs Fallstricke der Gesprächsführung!
5. Über welche Vorzüge verfügen Gruppengespräche?
6. Was ist beim Aufbau einer Trauergruppe zu beachten? Nennen und erläutern Sie vier Gesichtspunkte!
7. Welche Funktion haben Rituale ganz allgemein?
8. Beschreiben Sie die heutige Bedeutung von Trauerritualen!

5. Besondere Trauersituationen

In den vorstehenden Kapiteln wurde Trauer verständlich als ein langwieriger und schmerzhafter Prozess dargestellt, der jedoch seinen guten Sinn hat: Ist man an dessen Ende angelangt, wird man nicht mehr ständig von seinen Trauergefühlen übermannt und hat wieder Freude am Kontakt mit der Welt und den Mitmenschen. Es gibt jedoch besondere Situationen der Trauer, die insofern erschwert sind, als sie für den Hinterbliebenen eine besondere psychische Belastung bedeuten. Von solchen geradezu traumatischen Trauersituationen soll im Folgenden die Rede sein: wenn Kinder einen Elternteil durch dessen Tod verlieren (vgl. 5.1); wenn Eltern den Tod ihres Kindes zu beklagen haben (vgl. 5.2); wenn ein geliebter Mensch durch Suizid verstirbt (vgl. 5.3). Das bisher über Trauer Gesagte gilt jedoch auch für diese Trauersituationen. Das bedeutet: Alles was über das Wesen von Trauer mitgeteilt wurde (vgl. 1.) sowie über den Trauerprozess (vgl. 2), trifft vollständig auch auf diese besonderen Trauererfahrungen zu. Ebenso bleiben die Kriterien für pathologische Trauer in Geltung (vgl. 3.). Das Gleiche gilt für die Hilfen bei der Trauerbewältigung (vgl. 4.), d. h.: Trauergespräch, Trauergruppen und Trauerrituale sind auch für diese Trauersituationen unverzichtbare Hilfsmöglichkeiten.

5.1 Trauernde Kinder

Bereits intuitiv legt sich nahe, dass der Verlust eines Elternteils für Kinder ein beispielloses Verlusterlebnis bedeutet. Diese Einschätzung wird von fachlicher Seite bestätigt: Der Tod eines Elternteils wird als das einschneidenste und tragischste Ereignis im Leben eines Kindes angesehen (vgl. Schneewind & Weiß 1998, 1037), so dass die große Gefahr eines ungünstigen Trauerverlaufs besteht. Das folgende kurze Fallbeispiel vermag dies zu illustrieren:

> Luzia war sechs Jahre alt, als bei ihrer Mutter Brustkrebs diagnostiziert wurde. Verunsichert und verstört musste sie miterleben, wie die Mutter lange Zeit im Krankenhaus verbringen musste und sehr unter den medizinischen Behandlungen zu leiden hatte. Zwar ging es der Mutter bald wieder besser und die Krankheit schien überwunden. Nach drei Jahren stellte sich jedoch ein Rückfall ein. Es hatten sich bereits Tochtergeschwülste gebildet, so dass sie nach einem Jahr vergeblicher Behandlungen starb. Seit dieser Zeit war Luzia deutlich verändert. Sie präsentierte sich zurückgezogen, misstrauisch und gereizt. Der Vater, von diesem Verlust schwer getroffen und mit sich selbst beschäftigt, erlebte sich als ratlos und unsicher.

Im Folgenden sollen die kindlichen Trauerreaktionen beschrieben (5.1.2) sowie Hinweise gegeben werden, wie trauernden Kindern geholfen werden kann (5.1.3).

Da der Trauerverlauf von den spezifischen Entwicklungsvoraussetzungen des Kindes abhängig ist, soll vorher auf die entwicklungspsychologischen Aspekte der Trauer eingegangen werden (5.1.1).

5.1.1 Entwicklungspsychologische Aspekte kindlicher Trauer

In der Psychologie besteht eine gewisse Uneinigkeit bezüglich der Frage, ob kleine Kinder überhaupt trauern können, oder ob diese Fähigkeit erst mit bestimmten emotionalen und intellektuellen Reifungsprozessen entsteht. Letztlich beruht diese Diskussion auf einer unterschiedlichen Definition von Trauer, d. h.: Soll bereits von Trauer gesprochen werden, wenn sich ein Trennungsschmerz einstellt, oder soll erst dann davon die Rede sein, wenn ein vollständiges Verständnis des Todes vorliegt.

Ein solches vollständiges Verständnis des Todes setzt das Erfassen folgender Konzepte (= Begriffe) voraus:

a. Zeit: Der Tod besteht „für immer"

b. Transformation: Im Tod geschieht eine Umwandlung von „lebendig" in „nicht lebendig"

c. Unumkehrbarkeit: Der Tod ist unwiderruflich

d. Kausalität: Die biologischen Ursachen des Todes werden verstanden

e. Universalität: Der Tod betrifft alle Menschen

Ein derartiges vollständiges Todesverständnis besteht nicht vor dem 5. Lebensjahr. *Kummer* im Sinne von Verlustschmerz ist jedoch schon vorher möglich. Das Kind benötigt dafür kein vollständiges Todesverständnis, sondern nur die sog. Personpermanenz. Das bedeutet: Das Kind ist dazu in der Lage, ein inneres Bild von Personen zu errichten, d. h.: Das Kind weiß, dass diese existieren, auch wenn sie nicht anwesend sind, denn nur einen Menschen, an den man sich erinnert, kann man vermissen. Eine vollständige Personpermanenz wird nicht vor dem 2. Lebensjahr erreicht. Ab diesem Zeitpunkt ist in jedem Fall Verlustschmerz, auch ohne vollständiges Todesverständnis, möglich.

Im Einzelnen lässt sich der alterstypische Verlauf der kindlichen Trauerreaktionen auf dem Boden der jeweiligen Todesvorstellungen wie folgt beschreiben (vgl. Kroen 1998; Senf & Eggert 2014, 21 ff.; Vogel 2022, 202):

(1) Säuglinge und Kleinkinder bis zwei Jahre

Auch wenn Kinder vor acht Monaten nicht dazu in der Lage sind, einen bestimmten Menschen als ihre Mutter zu erkennen, können sie sie an ihrem Geruch und an der individuellen Art ihrer Zuwendung von andern Personen unterscheiden. Man vermutet, dass der Tod der Mutter als „Abwesenheit" erlebt wird, angesichts der die Kinder ein Unbehagen spüren, zumal sie in ihrer Umgebung neue Stimmen und Gerüche wahrnehmen. Häufig kommt dieses Unbehagen durch fortgesetztes Weinen, Änderung der Ess- und Schlafgewohnheiten, aber auch durch Reizbarkeit und Protestverhalten zum Ausdruck. Dies entspricht dem Erleben von Kummer oder zumindest einer Vorform davon (vgl. oben).

Bis zum Alter von ca. zwei Jahren haben die Kinder zwar noch keine begriffliche Vorstellung vom Tod. Ab dem 1. Lebensjahr wird allerdings die Angst, verlassen zu werden, zentral. Für Kleinkinder bedeutet Tod dementsprechend vor allem die Entbehrung einer wichtigen Bindung, zumal bereits vorübergehende Trennungen aufgrund des fehlenden Zeitempfindens starke Gefühle der Verlassenheit auslösen können. Dementsprechend reagieren die Kinder mit Weinerlichkeit und Verzweiflung, etwa sich auf den Boden werfen, sich Wegdrehen von der Person, die sich ihnen zuwendet sowie Suchverhalten. Es ist nicht auszuschließen, dass Kinder in diesem Alter bereits intuitiv „Trennungsangst als Vernichtungsangst" (Vogel 2022, 202) erleben.

(2) Zwei- bis Fünfjährige

Die Todesvorstellung dieser Altersgruppe unterscheidet sich noch deutlich von der eines Erwachsenen, aber auch von derjenigen älterer Kinder. Der Tod wird als zeitlich begrenzter Zustand angesehen; oft halten ihn die Kinder für eine Art Schlaf, in dem der Tote weiterhin isst und atmet und daher irgendwann aufwacht und wieder vollständig in das Leben zurückkehrt. Das Kind ist oft noch davon überzeugt, dass der Tote im Sarg nur schläft. Im Rahmen des sog. Magischen Denkens, d. h. der Überzeugung, anderen durch Gedanken Schaden zufügen zu können, können Schuldgefühle entstehen („Ich möchte, dass du tot bist!"). Dementsprechend erleben viele Kinder den Tod als Strafe für Fehlverhalten („Mama ist gestorben, weil ich böse war"). Gegen Ende dieser Phase beginnen die Kinder die Endgültigkeit des Todes zu begreifen, allerdings oft, ohne die dazugehörigen Gefühle nach außen zu zeigen. Häufig verschaffen sich diese Gefühle jedoch im Spiel ihren Ausdruck.

(3) Sechs- bis Neunjährige

Inzwischen wird die Endgültigkeit des Todes verstanden Mit der daraus resultierenden Fähigkeit, die trauertypischen Gefühlsreaktionen zu erleben (Trauerschmerz, Sehnsucht, Deprimiertsein, Schuldgefühle, Angst), geht auch die Möglichkeit einher, diese zu verbergen, zu verleugnen oder zu verdrängen. Häufig werden ängstliche und traurige Gefühle durch Aggressivität und Aufsässigkeit abgewehrt.

Eine typische Quelle von Schuldgefühlen bildet erneut das sog. *Magische Denken.* Dieses Denken hat zwar seinen Ort in einer früheren Entwicklungsphase (2.–5. Lebensjahr), in der tatsächliche Ursächlichkeiten noch nicht durchschaut werden, doch lässt sich immer wieder beobachten, dass bereits überwundenes Denken in Krisen, wie sie eine Verlusterfahrung darstellt, wieder belebt wird. Auch frühere Drohungen („Du bringst mich noch ins Grab!") können die Befürchtung entstehen lassen, am Tod eines Elternteils Schuld zu sein.

Die Einsicht in die Universalität des Todes, d. h. die Erkenntnis, dass alle Menschen sterben müssen, bewirkt nun eine tiefe Beunruhigung: „Ein Kind, das einen Elternteil verliert, fürchtet den Tod des hinterbliebenen Elternteils. Die Angst, verlassen zu werden, ist eine der größten und tiefgreifendsten Ängste kleiner Kinder, und der Tod eines Elternteils verstärkt diese Angst ..." (Kroen 1996, 45).

(4) Kinder von 10–12 Jahren

Langsam entwickelt sich ein Verständnis des Todes, das dem des Erwachsenen ähnelt. Im Zuge der Einsicht, dass alle Menschen sterben müssen, entsteht das Bewusstsein der eigenen Sterblichkeit. In diesem Sinn berichtet der Philosoph D. von Hildebrand: Eine Mutter erzählte mir, dass sie ihr 10-jähriges Kind einmal in Tränen aufgelöst fand und auf die Frage: „Warum weinst du?" die Antwort erhalten hat: „Weil man einmal sterben muss!" (vgl. von Hildebrand 1980, 9). Vor diesem Hintergrund entsteht auch die Angst vor dem Tod und damit „die bedeutendste Emotion, die bei einer Konfrontation mit dem Thema Tod entsteht" (Spölgen & Eichinger 1996, 25; vgl. Schnelzer 2012, 11 ff.): Die Angst vor dem eigenen Tod sowie die Angst, wichtige Bezugspersonen durch den Tod zu verlieren.

Untersuchungen zeigen, dass Kinder dieser Alterspanne viel über den Tod nachdenken, aber aufgrund der Schmerzlichkeit dieser Gedanken zu (bewusster) Unterdrückung oder (unbewusster) Verdrängung dieses Themas greifen.

Solchen Abwehrprozessen fallen häufig auch die Traueremotionen zum Opfer, da deren Ausdruck von Gleichaltrigen als Schwäche gewertet werden könnte, aber auch deshalb, weil sich die Kinder vor deren Schmerzlichkeit schützen wollen. Daher zeigen Kinder oft keine Trauergefühle. Dennoch fühlen sie den Schmerz und schon geringfügige Auslöser können die Trauer zum Vorschein bringen.

(5) Kinder ab 12 Jahren und Jugendliche

Die Trauer von Jugendlichen ist von erheblicher Intensität. In einer Zeit, die durch stürmische Veränderungen und ohnehin bestehende Stimmungsschwankungen geprägt ist, bedeutet der Tod eine grundlegende seelische Erschütterung. Der Ausdruck der Gefühle fällt aber gerade Jungen häufig schwer. Gelegentlich verstärkt die Trauersituation bereits bestehende Gefühle von Sinn- und Hoffnungslosigkeit („Weltschmerz"). Schuldgefühle können im Jugendalter eine neue Dimension erhalten: Alterstypische Ablösungskonflikte mit den Eltern können in schuldbeladener Form aktualisiert werden.

Jede Zuordnung von Lebensalter einerseits und Merkmalen des Todesverständnisses sowie des Trauerverlaufs andererseits bedarf allerdings einer grundsätzlichen Einschränkung. Das bedeutet: Es ist unzureichend, die unterschiedlichen Weisen, sich den Tod vorzustellen und zu trauern, nur vor dem Hintergrund von kognitiven, d. h. geistig-intellektuellen Reifungsprozessen zu betrachten, die gleichsam von selbst ablaufen. Vielmehr müssen Einflüsse der jeweiligen Kultur und Erziehung in Rechnung gestellt werden. Untersuchungen haben gezeigt, dass sich die Todesvorstellungen sowie das Trauerverhalten von Kindern gleichen Alters deutlich unterscheiden können. Entscheidend ist u. a.:

- Konnte über Tod und Trauer und die damit zusammenhängenden Gefühle gesprochen werden, oder wurde dieses Thema durch hilflose Eltern tabuisiert?
- Welche Deutung des Todes wurde vermittelt? Ist diese Deutung tragfähig oder für die Krisenbewältigung unbrauchbar?

Letzteres soll am Beispiel eines 15-Jährigen verdeutlicht werden, der folgende Einstellung zu Tod und Sterben präsentierte:

> Wenn der Tod nicht wäre, gäbe es auf der Welt bald keinen Platz mehr für neues Leben. Der Tod ist für Körper und Gehirn das Ende. Manche Menschen meinen, eine Seele würde noch erhalten bleiben und dass Gott der Seele des Menschen ein ewiges Leben schenkt. Der Mensch versucht sich durch diesen Gedanken jedoch nur zu trösten. Das ganze Geschehen des Todes ist für mich nur ein rein biologischer Vorgang. Der Körper verwandelt sich zu Aas und wird zu Erde. An seinem Platz erhält ein anderer Mensch sein Leben.
>
> Martin, 15 Jahre

Die Einstellung Martins zeichnet sich aus durch die Ablehnung religiöser Vorstellungen des Todes als reine Wunschvorstellung einerseits und die Verdrängung des Ernstes und der Bitterkeit des Sterbens durch seine Versachlichung als rein biologischer Vorgang andererseits.

Beides sind durch das jeweilige soziale und kulturelle Umfeld vermittelte Vorstellungen, die auch Erwachsene teilen und von daher keineswegs typisch für das Todesverständnis Jugendlicher sind. Zugleich könnte die Einstellung dieses jungen Menschen dem Umstand geschuldet sein, dass Kinder in der Pubertät bevorzugt weltanschauliche Ideen entwickeln, die die „Überzeugungen ihrer Eltern, vor allem religiöse, völlig in Frage" (Senf & Eggert 2014, 23) stellen.

5.1.2 Zu den besonderen Merkmalen kindlicher Trauer

Grundsätzlich lässt sich sagen, dass die in 1. und 2. dargelegte allgemeine Psychologie der Trauer weitgehend auch für die kindliche Trauer gilt. Das bedeutet: Auch Kinder müssen Trauerarbeit leisten, erleiden den Verlust einer Bindung, erleben Trauer als eine schwere, chronische Stressbelastung, können von einer ganzen Palette möglicher Trauersymptome betroffen sein, die sich auf alle Aspekte seelischen Lebens (Fühlen – Denken –Handeln) bis in die Körperlichkeit hinein erstrecken, und müssen Phasen und Aufgaben der Trauer durchleben bzw. erledigen; weiterhin sind auch und gerade Kinder in Gefahr, dass ihre Trauer pathologisch entgleist (vgl. 3.). Das bedeutet: „Viele Aspekte kindlicher Trauer ähneln dem Erleben der Erwachsenen, die einen einschneidenden Verlust zu verschmerzen haben" (Senf 2014, 123; vgl. Spölgen & Eichinger 1996, 38 ff.).

Einige Besonderheiten kindlicher Trauer werden bei der Darstellung der Hilfen für trauernde Kinder zur Sprache kommen (vgl. 5.1.3). Zwei grundlegende Merkmale kindlicher Trauer sollen jedoch schon an dieser Stelle genannt werden:

a. Zum einen bringt der Tod eines Elternteils ein Kind in eine Lage, die aufgrund der Einzigartigkeit der Elternbindung mit keiner anderen vergleichbar ist:

> Der Erwachsene verteilt seine Liebe auf mehrere Beziehungen: Er liebt den Ehegatten, Kinder und Freunde, seine Arbeit, seine Freizeitbeschäftigung. Das Kind dagegen investiert seine gesamten Gefühle in seine Eltern. Außer in sehr ungewöhnlichen Fällen ist diese einfache Beziehung unermesslich viel reicher und fester als alle noch so engen Bindungen des Erwachsenen. Nur in der Kindheit kann daher der Tod alle Möglichkeiten des Liebens und Geliebtwerdens auf einmal vernichten und ist der Mensch vor eine so schwere Aufgabe der Neuanpassung gestellt (Furman 1977, 23).

b. Aus dieser Besonderheit kindlicher Trauer ergibt sich eine weitere: Das Angewiesensein auf die Hilfe von Erwachsenen. Generell gilt: Wenn Vater oder Mutter gestorben sind, ist der zurückgebliebene Elternteil in gleicher Weise wie das Kind betroffen, d. h. mit sich und seiner eigenen Trauer beschäftigt. Daher ist es wichtig, sich die Unterstützung Erwachsener von außen zu holen. Solche Erwachsene können gute Freunde oder Verwandte sein, die von dem Todesfall nicht in der gleichen Weise belastet sind. Zugleich sollte der hinterbliebene Elternteil dem Kind deutlich machen, dass es ihm im Moment zwar nicht gelingt, sich wie gewohnt um es zu kümmern, dass er jedoch trotz allem da ist und das Kind sich auf ihn verlassen kann. Grundsätzlich ist für die Bewältigung kindlicher Trauer von besonderer Wichtigkeit, dass das Kind nach dem Tod eines Elternteils zureichend betreut wird. So gibt es Hinweise darauf, dass insbesondere diejenigen Kinder depressiv erkranken, die nach dem entsprechenden Verlust nur eine unzureichende und instabile Fürsorge erfahren haben (vgl. Benecke 2014, 272) bzw. deren Beziehung zum hinterbliebenen Elternteil negativ getönt ist. „Verlusterfahrungen im Alter zwischen 5 und 10 Jahren scheinen besonders zu späterer Depression beizutragen" (Benecke 2014, 272).

Bezüglich möglicher Spätfolgen belegen Studien, dass sich bei depressiven und suizidalen, d. h. von Selbsttötung bedrohten Erwachsenen hohe Prozentsätze von Elternverlusten in der Kindheit finden (vgl. Schneewind & Weiß 1998, 1041). „Zwischen 20 % und 40 % der später Depressiven haben bis zum 16. Lebensjahr einen Elternteil durch Tod verloren" (Benecke 2014, 272).

Sollten Kinder auf hartnäckige Weise die folgenden Symptome zeigen, ist Wachsamkeit geboten, da diese den Beginn einer depressiven Entwicklung markieren können (vgl. Senf 2014, 126):

- Unverhältnismäßig heftiges und lang anhaltendes Weinen; Weinkrämpfe
- Häufige und lang anhaltende Wutausbrüche und/oder Schuldgefühle
- Trennungsängste
- Deutliche Verschlechterung der schulischen Leistungen
- Lange Perioden des Zurückgezogenseins
- Fehlendes Interesse an Freunden und an Aktivitäten, die früher Freude gemacht haben
- Häufige Albträume und Schlafstörungen
- Häufige Kopfschmerzen und/oder andere körperliche Beschwerden
- Gewichtsverlust
- Gleichgültigkeit, anhaltendes Betäubtsein oder mangelndes Interesse am Leben
- Lang andauernde negative Gedanken über die Zukunft oder mangelndes Interesse an der Zukunft; Unglücklichsein ohne Veränderung
- Negative Gedanken über die eigene Person (Selbstwertprobleme)
- Suizidalität

5.1.3 Hilfen für trauernde Kinder

Grundsätzlich sind auch für Kinder das Trauergespräch sowie Trauergruppen und -rituale, wie sie in 4. dargestellt wurden, wichtige Hilfen.

Im Folgenden soll dies entlang den Aufgaben der Trauer (vgl. 2.3) konkretisiert werden. Da dabei immer wieder die Besonderheiten kindlicher Trauer zu berücksichtigen sind, wird dies ausführlicher geschehen als bei der Trauer der Eltern beim Verlust eines Kindes (vgl. 5.2) sowie bei der Trauer der Hinterbliebenen nach einem Suizid (vgl. 5.3).

5.1.3.1 Hilfen bei der Realisierung des Verlustes

a. Das Kind sollte schnell und korrekt über das, was geschehen ist, informiert werden. Es sollte alle Fragen stellen dürfen und darauf eine ehrliche Antwort erhalten. Dazu gehören etwa kindgerechte Erläuterungen zur Krankheit bzw. zum Unfallhergang. Wenn Kinder aus falscher Fürsorge abgeschirmt werden, entwickeln sie phantastische Vorstellungen, die mit Angst und Schuldgefühlen besetzt sein können. Verschleiernde Formulierungen („Dein Papa hat eine weite Reise angetreten"; „Mama schläft jetzt für immer.") sind zu vermeiden, da sie die Verleugnung fördern, Verwirrung stiften und den Wirklichkeitsbezug schwächen.

b. Wichtig ist, dem Kind zu ermöglichen, sich zu verabschieden, wenn dazu noch Zeit ist, d. h., wenn die geliebte Person noch lebt. Dies ermöglicht vorgreifende Trauer und baut zugleich eine tröstliche Erinnerung auf.

c. Sinnvoll ist es auch, sofern dies möglich ist und das Kind es will, einen letzten Blick auf den Toten zu werfen, ihm ein Abschiedsgeschenk mitzugeben sowie an der Trauerfeier teilzunehmen. Dabei sollte das Kind vorher stets auf das, was es zu erwarten hat, vorbereitet werden.

d. Das Thema Tod sollte bewusst besprochen werden, wobei die Worte „Tod" und „Sterben" ausdrücklich verwendet werden sollen.

5.1.3.2 Hilfen beim Durchleben der Gefühle

a. Der hinterbliebene Elternteil sollte zusammen mit den Kindern trauern und dabei zugeben, dass es ihm nicht gut geht und dass er den Verstorbenen vermisst. Kinder haben ein feines Gespür: Wenn sie wahrnehmen, dass Erwachsene sich „zusammenreißen" und ihre Tränen unterdrücken, werden sie zu einem alles andere als hilfreichen Modell für das Verdrängen von Trauer.

b. Demgegenüber sollte der Ausdruck der Gefühle in wertschätzender Weise gefördert werden. Dies gilt sowohl im Einzelkontakt als auch bei der Trauerarbeit in Gruppen. Möglichkeiten dazu sind u. a.:

   - *Das Sprechen über die verstorbene Person:* Weil dieses den Trauerschmerz (wieder)belebt, wird es gerne gemieden, jedoch um den Preis, dass der Trauerprozess nicht voranschreitet. Demgegenüber gilt es festzuhalten: Nicht das Vergessen lindert den Schmerz, sondern das liebevolle Sich-Erinnern.

- *Die rituelle und kreative Verarbeitung der Gefühle:* Diese kann bestehen im Malen von Bildern, dem Aufschreiben von Erinnerungen, dem Schreiben eines Briefes an den Verstorbenen oder dem Anlegen eines Fotoalbums mit dessen Bildern. Dies alles wirkt als aktives Tun der erlebten Hilflosigkeit entgegen und entspricht dem menschlichen Bedürfnis, innerseelisches Befinden auch im Handeln auszuleben (vgl. 4.3.1).

c. Besondere kindliche Formen der Trauer sollten respektiert werden. Dies betrifft etwa die Fähigkeit von Kindern, Trauer und Schmerz zwischenzeitlich anscheinend zu „vergessen", wenn ein gegenwärtiges Geschehen ihre Aufmerksamkeit beansprucht, da Kinder mehr als Erwachsene in der unmittelbaren Gegenwart leben. Diese andere Weise zu trauern, sollte Kindern zugestanden werden, auch wenn sie uns unpassend erscheint, etwa wenn ein Kind schon nach kurzer Zeit wieder ausgelassen lachen und spielen kann. Dieses Verhalten zeigt keineswegs die Abwesenheit von Trauer, sondern spiegelt eine ihrer kindlichen Formen wider. Dementsprechend sollten aufkommende positive Gefühle nicht kritisiert, sondern als Hilfen im Trauerprozess verstanden werden. Deshalb sollten trauernden Kindern auch bewusst Spiel- und Freizeitaktivitäten angeboten werden.

d. Die grundsätzliche Wertschätzung der Trauergefühle (vgl. 4.1.2), die auch Kindern entgegengebracht werden muss, selbst wenn sie Zorn und Aggression zeigen („Ich spüre, dass du ganz schön wütend bist!"), bedeutet nicht, dass unangemessenes Verhalten geduldet werden muss: Kinder benötigen Grenzen, auch und gerade dann, wenn die Gefühle im Aufruhr sind und das Leben völlig aus den Fugen geraten ist. Das bedeutet konkret: Wenn Kinder ihre Pflichten (z. B. Hausaufgaben, Hilfsdienste im Haushalt) nicht erfüllen oder ihre Gefühle auf unangemessene und schädliche Weise ausleben (z. B. Schimpfwörter, Schlagen), muss dem Kind deutlich gemacht werden, dass derartiges Verhalten nicht akzeptiert wird. Der Versuchung, das Kind durch zu viel Nachsicht zu verwöhnen, gilt es zu widerstehen. Wichtig ist, zwar für das Erleben von Wut, nicht aber für aggressive Durchbrüche Verständnis zu äußern. Für die Rückkehr zu angemessenem Verhalten können Belohnungen vereinbart werden. Dieses Vorgehen macht sich die lernpsychologische Einsicht zunutze, dass Verhalten in Abhängigkeit von seinen Konsequenzen gezeigt wird.

e. Generell ist es wichtig, den gewohnten Tagesablauf (u. a. mit Kindergarten bzw. Schule, festen Essens- und Schlafenszeiten) möglichst bald wieder aufzunehmen, da auf diese Weise wieder nach und nach Sicherheit und Geborgenheit entstehen. Durch solche Routinen wird die wichtige

Botschaft vermittelt: „Was geschehen ist, ist furchtbar, aber es geht trotzdem weiter; vieles, aber nicht alles, ist nicht mehr wie früher!“

5.1.3.3 Hilfen beim Lebenlernen ohne den Verstorbenen

a. In dieser Zeit der Neuanpassung an ein Leben ohne den Verstorbenen ist es wichtig, dem Kind die vertraute häusliche Umgebung und den gewohnten Tagesablauf zu erhalten und es in den Bereichen zu unterstützen bzw. für Unterstützung zu sorgen, für die früher der verstorbene Elternteil zuständig war (z. B. Hausaufgaben). Hier können die Großeltern eine wichtige Rolle spielen.

b. Wie in der 3. Phase der Trauer üblich (vgl. 2.2.2.3), geschieht eine vielfältige „Suche“ nach dem Verstorbenen: an realen Orten, aber auch in Form einer geistigen und emotionalen Auseinandersetzung und Beschäftigung mit ihm. Dabei erweisen sich Prozesse der Idealisierung und Identifizierung bei Kindern als besonders ausgeprägt. Idealisierung meint: Negative Aspekte des verstorbenen Elternteils und der Beziehung zu ihm werden verdrängt, während die positiven Aspekte auf oft übertriebene Weise hervorgehoben werden. Bei der Identifizierung werden Eigenschaften, Verhaltensweisen und Interessen des verstorbenen Elternteils übernommen oder zumindest sehr hochgeschätzt. Gegenstände, z. B. Geschenke, die vom Verstorbenen stammen, werden oft wie Heiligtümer behandelt und verehrt. Immer geht es darum, die Erinnerung an den geliebten Toten zu bewahren und Brücken zu ihm zu errichten (vgl. Leist 1999, 169).

Beide Prozesse sind gerade bei Kindern völlig normal und sollten zugelassen werden, da es sich um wichtige Aspekte des kindlichen Trauerprozesses handelt: Da der verstorbene Elternteil auf der realen Ebene nicht wirklich gefunden wird, bahnt sich die Ablösung von ihm an; zugleich bilden diese Vorgänge die Grundlage für den Neuaufbau der Beziehung auf der geistigen Ebene und dienen zugleich der Reifung der Persönlichkeit, da es dadurch gelingen kann, Gegenwart und Vergangenheit im Interesse der Gestaltung der persönlichen Zukunft zu integrieren (vgl. Furman 1977, 74). Dabei weicht die Idealisierung zunehmend einer realistischen Sicht des Verstorbenen; auch die Tendenz zur Identifikation geht zurück. Dennoch sind diese beiden Prozesse Möglichkeiten, das Gute an dem verstorbenen Elternteil und in der Beziehung zu ihm zu bewahren und als Bereicherung in die eigene Persönlichkeit einzubringen. Auf diesem Wege bahnen sich das bewusste Totengedenken im engeren Sinn an, ebenso wie die phasentypischen religiösen Fragen, die das Schicksal der Toten sowie die Weiterführung der Kommunikation mit ihnen betreffen (vgl. 2.2.3); beide Entwicklungen bedürfen eines einfühlsamen Gesprächspartners und Begleiters, der für diese Anliegen offen und dazu in der Lage ist, diese Herausforderung anzunehmen.

5.1.3.4 Hilfen beim Eingehen neuer Beziehungen

a. Wenn das Kind den Verlust eines Elternteils weitgehend verarbeitet hat, zeigt es meist auch die Bereitschaft zum Aufbau einer neuen Bindung. Hier ist es jedoch in seinen Möglichkeiten sehr eingeschränkt, zumal, wenn es um die Wahl eines Stiefvaters oder einer Stiefmutter geht. Das Kind ist in dieser Situation häufig dem Konflikt ausgesetzt, dass es zwar eine neue, von Liebe getragene Beziehung eingehen möchte, aber nicht frei entscheiden kann, wen es als Stiefmutter oder -vater akzeptieren würde. Dieser Konflikt ist nur lösbar, wenn der hinterbliebene Elternteil die Bedürfnisse und Vorbehalte des Kindes ernst nimmt und es beispielsweise nicht dazu zwingt, den neuen Partner zu akzeptieren. Der neue Partner selbst sollte dem Kind auf behutsame Weise seine Freundschaft anbieten.

   Grundsätzlich gilt, dass das Kind am Ende der Trauerarbeit nicht nur dazu in der Lage, sondern auch willens ist, neue Beziehungen anzuknüpfen und seine Liebe vertrauensvoll einem neuen Menschen zuzuwenden: „Das heißt nicht, dass die Trauer und die Erinnerung damit abgeschlossen sind, aber das heißt, dass das Kind stark genug geworden ist, es mit einem anderen Menschen neu zu versuchen und ihm sein Bedürfnis nach Geliebtwerden anzutragen" (Leist 1999, 172).

b. Auf der anderen Seite ist zu berücksichtigen, dass das Kind inzwischen eine bleibende Beziehung zum Verstorbenen aufgebaut hat. Das bedeutet, dass auch und gerade bei Kindern der Trauerprozess neben dem Prozess der Ablösung vom Verstorbenen auch den Prozess der Rekonstruktion einer neuen Beziehung zu ihm beinhaltet, der das Thema *Totengedenken* und religiöser Glaube wichtig werden lässt (vgl. 2.2.2.4; 2.2.3). Dieser Prozess sollte durch bewusste Erinnerungsarbeit gefördert werden (vgl. Spölgen & Eichinger 1996, 82 ff.).

Im Allgemeinen sind Kinder etwa sechs Monate nach einem Todesfall soweit, dass mit ihnen zusammen ein bewusstes Totengedenken gepflegt werden kann (vgl. Kroen 1998, 129). Leider versuchen viele Erwachsene, die Erinnerungen an geliebte Verstorbene bewusst zu unterdrücken und nicht von ihnen zu sprechen; dies soll verhindern, dass bei ihnen selbst der Schmerz und die Sehnsucht wieder hervorbrechen. Dementsprechend „verordnen" sie diese Strategie auch ihren Kindern. Dem ist entgegenzuhalten, dass Erinnern psychologisch gesehen ein höchst positiver Vorgang ist: Man bleibt mit dem geliebten Verstorbenen in Verbindung und wird irgendwann spüren, dass diese Erinnerungen nicht mehr nur traurig und schmerzlich sind, sondern sich aufhellen in Richtung Freude und Dankbarkeit. Die negativen Gefühle verlieren ihre Macht. Nach William C. Kroen gilt dies auch und gerade für Kinder:

> „Wenn der erste lähmende Schock … abgeklungen ist, nehmen die Kinder die Gelegenheit des Gedenkens gerne wahr … Abgrundtiefes Traurigsein entsteht (nämlich) aus der Überzeugung, die Erinnerungen an den geliebten Menschen seien mit seinem Körper beerdigt worden" (Kroen 1998, 128).

An dieser Stelle ist der religiöse Glaube von besonderer *psychologischer* Bedeutung, da er den Prozess des Neuaufbaus einer Beziehung positiv aufnimmt und die Botschaft vermittelt: Diese Beziehung ist nicht nur seelisch, sondern ganz real, weil die Toten nicht vernichtet sind, sondern an einem ewigen Leben teilhaben. Daher ist es möglich und sinnvoll, diese Beziehung weiterzuführen. Das Ereignis des Todes erfährt damit psychologisch gesehen eine kognitive Umstrukturierung, d. h. eine Neubewertung, die dazu in der Lage ist, das quälende Gefühl der Verzweiflung abzumildern. Dies wird durch psychologische Untersuchungen bestätigt: Gelingt es innerhalb einer Familie, den Tod nicht ausschließlich negativ zu sehen, gelingt trauernden Kindern eine sehr viel bessere Anpassung an das Leben ohne den verstorbenen Elternteil, als wenn dies nicht der Fall ist; dies gilt charakteristischerweise für Familien, die den Tod als den Beginn eines neuen Lebens ansehen (vgl. Schneewind & Weiß 1998, 1042). Auch die aktuelle Studienlage zeigt, dass Kinder religiöse und spirituelle Ressourcen erfolgreich zur Bewältigung existentieller Krisen wie Krankheit und Verlust nutzen können (vgl. Vogel 2022, 204).

c. Konkret könnte das Totengedenken mit folgenden *Ritualen* verwirklicht werden (vgl. 4.3):

   - Man könnte Fotos vom Verstorbenen aufhängen oder den Kindern zum persönlichen Gebrauch in die Hand geben; die Kinder können sie an einem Ehrenplatz aufbewahren und, wenn ihnen danach ist, in die Hand nehmen und betrachten. Das bewusste Entfernen von Bildern vermittelt dagegen eine negative Botschaft: Die Beziehung ist zu Ende und soll deshalb auch aus dem Gedächtnis verbannt werden. Dies wird als in besonderer Weise schmerzhaft erlebt. Zugleich wird auf diese Weise eingeübt, dass eine gewisse Kontrolle der Trauer möglich ist, insofern das Kind selbst entscheiden kann, wann es die Fotos hervorholt bzw. wieder zurücklegt.

- An bestimmten Tagen könnte eine kleine Feier mit Vorlesen von Geschichten und Gedichten, Gebeten, Gesprächen über den Verstorbenen sowie mit dem Entzünden einer Kerze abgehalten werden, die neben das Foto des Verstorbenen gestellt wird.
- Selbstverständlich ist auch der Grabbesuch Ausdruck der bleibenden Beziehung zum verstorbenen Elternteil; er bietet den Kindern auch die Möglichkeit, alles das auszusprechen, was sie bewegt.

Ein sinnvolles *Gespräch* mit trauernden Kindern könnte wie folgt aussehen (abgewandelt nach Becker & Niggemeier 1983):

Oma ist gestorben

Am Abend sitzen beide Kinder bei der Mutter: Lena (5) und Otto (12).

„War Oma in dem Sarg, der mit dem Auto weggefahren ist? Wohin haben sie sie gebracht?“ fragt Lena. „In die Leichenhalle beim Friedhof. Dort steht der Sarg, bis sie begraben wird.“

„In diesem engen Sarg, Mama? Und wenn sie aufwacht, wie kommt sie da raus?“

„Sie ist tot. Der Arzt hat es festgestellt. Das ist anders als schlafen. Wir sehen sie hier nie mehr wieder.“

„Und wohin kommt sie dann?“

„In die Erde, auf den Friedhof neben Opa.“

„In ein Loch in die Erde?“

„Frag doch nicht so“ brummelt Otto.

„Lass sie“ sagt Mama, „Oma kommt in die Erde. Die Hülle des Menschen, sein Köper, löst sich auf, wenn er tot ist; sie wird wieder zu Erde.“

„Und Oma?“

„Das, was Oma war und das, was ihr an ihr lieb gehabt habt, lebt weiter. Sie hat euch sehr gemocht und wir sie auch und das wird nicht verloren gehen.“

„Und die Schmerzen, die sie zum Schluss hatte. Bleiben die auch?“

„Nein. Ich glaube ganz fest, dass sie jetzt ihren Frieden hat.“

„Was ist Frieden?“

„Wenn man für immer keine Schmerzen mehr erleiden muss, nicht mehr gekränkt wird und keine Angst mehr haben muss.“

„Aber ich bin trotzdem so traurig.“

„Mir geht es auch so. Ich vermisse sie genauso wie du. Und deshalb ist es auch ganz in Ordnung, wenn wir weinen. Wir können Oma nicht mehr sehen, nicht mehr berühren und nicht mehr umarmen. Aber ich glaube fest daran, dass sie jetzt bei Gott ist. Deshalb ist es gut, an Oma zu denken und von ihr zu reden."

„Aber das macht so traurig!"

„Ja, aber das ist in Ordnung. Wir bleiben so mit Oma in Kontakt und irgendwann sind wir nicht mehr nur traurig, wenn wir an Oma denken, sondern auch froh und dankbar."

Die Antworten der Mutter geben klare und sachgerechte Auskunft über die Fakten rund um Tod und Sterben, nehmen aber auch zugleich die Gefühle der Kinder auf und ernst und bieten ihnen, sowohl emotional, als auch was eine sinnvolle Deutung des Todes anbelangt, eine tröstliche Perspektive für die Zukunft.

5.2 Der Tod eines Kindes

5.2.1 Tod im Kindesalter: Zur psychologischen Tragweite des Verlusterlebnisses

Der Tod eines Kindes wird – unabhängig von dessen Alter – als besonders tragisches Ereignis erlebt. Er stellt ein derart traumatisches Erlebnis dar, dass diese Krise ohne professionelle Hilfe oder zumindest die Teilnahme an Selbsthilfegruppen kaum zu bewältigen ist. Dessen Verarbeitung dürfte dementsprechend von allen Verlusterlebnissen am schwersten fallen, und zwar aus folgenden Gründen (vgl. Auchter 2019, 88 ff.; Wagner 2013, 52 ff.; Worden 2011, 212 ff.):

a. Zentraler Stellenwert des einzelnen Kindes

In einer Gesellschaft, in der Familien mit wenigen Kindern dominieren, kommt dem einzelnen Kind ein viel höherer Rang zu als in den kinderreichen Familien früherer Zeiten. Damals musste zudem stets mit dem Tod eines Kindes – etwa durch Infektionskrankheiten – gerechnet werden. Demgegenüber treten heutzutage Todesfälle von Kindern selten und insofern unerwartet ein.

b. Verlust von Zukunft

In einer von religiösen Bindungen weitgehend losgelösten Gesellschaft kann die Überzeugung von einem Leben nach dem Tod keine allgemein anerkannte Geltung beanspruchen. Insofern kann der Tod eines Kindes als „Griff nach dem ewigen Leben" (Cook & Philips 1995, 43) gedeutet werden: Auch die weltliche Ersatzhoffnung auf ein Weiterleben in den Genen und damit eine grundlegende Hoffnung auf Zukunft ist schwer erschüttert worden.

c. Tiefe der Bindung

Durch positive Erfahrungen, aber auch durch Schwierigkeiten und Konflikte haben die Eltern eine tiefe Bindung zu dem heranwachsenden Kind entwickelt. Denken, Fühlen und Handeln hatten zu einem entscheidenden Teil ihren Bezugspunkt im Kind. Obwohl die körperliche Abhängigkeit des Kindes mit der Zeit zurückgeht, entsteht zugleich eine starke emotionale Abhängigkeit nicht nur des Kindes von den Eltern, sondern auch und gerade in umgekehrter Richtung. Das Kind wird so für die Eltern zum Brennpunkt zentraler Wünsche und Hoffnungen und zugleich zur Quelle von Liebe und Zuwendung, die im Falle seines Todes für immer versiegt.

d. Schwere Schuldgefühle

Der Tod eines Kindes tritt in der Mehrzahl durch schwere Erkrankungen oder durch Unfälle ein. Dies lässt regelmäßig den Gedanken aufkommen, dass der Todesfall vermeidbar gewesen wäre. Dies ruft häufig Schuldgefühle hervor, die in ihrem quälenden Charakter, insbesondere bei Unfällen, ihresgleichen suchen. Das bedeutet konkret: Der beaufsichtigende Elternteil wird die Umstände des Todes immer wieder gedanklich Revue passieren lassen und sich dabei fragen, wie sich der Unfall hätte vermeiden lassen. Die Frage, warum dies nicht möglich war, wird so quälend wie unbeantwortbar.

So könnte es sein, dass ein kleiner Moment der Unachtsamkeit – welcher Mensch ist schon zu immerwährender Aufmerksamkeit fähig – , in dem man vielleicht mit einem jüngeren Kind beschäftigt war, für das ältere Kind ausgereicht hatte, um auf die Straße zu laufen und überfahren zu werden. Die entsprechenden Schuldgefühle werden im ungünstigsten Fall noch dadurch verstärkt, dass der betreffende Elternteil Schuldzuweisungen durch den anderen Elternteil oder durch Verwandte ausgesetzt ist. Die Last der Schuldgefühle kann auch dadurch erhöht werden, dass es zwischen der Aufsichtsperson und dem später verunglückten Kind im Vorfeld zu einem Konflikt gekommen ist. Auch die erlebte Ohnmacht, ohne dass von echter Schuld gesprochen werden könnte, kann den Tod eines Kindes zu einem derartigen traumatischen Erlebnis machen, dass es zu einem pathologischen, näherhin zum Stillstand gekommenen (chronifizierten) Trauerverlauf führen kann. Dies macht das folgende Fallbeispiel deutlich:

> Frau M. stand mit ihrem sechsjährigen Jungen Robert an der Hand auf dem Bürgersteig und unterhielt sich mit einer Bekannten. Plötzlich und aus Gründen, die auch aus heutiger Sicht nicht nachvollziehbar sind, riss sich der Junge von ihrer Hand los, stürmte auf die Straße und wurde von

einem Auto tödlich erfasst. Die Einzelheiten dieser Szene sind seitdem Frau M. in das Gedächtnis eingebrannt – die sich ansammelnde Menschenmenge, das viele Blut, der kleine, reglose Körper.

Diese Szene musste Frau M. in den darauf folgenden Monaten und Jahren in Form von plötzlich einschießenden Erinnerungen immer wieder erleben, trotz aller Versuche, diese zu unterdrücken und den Situationen, die an das Geschehen erinnern könnten, auszuweichen. Dabei wurden Angst, innere Unruhe und Schmerz immer wieder neu durchlebt. Das bedeutet: Sie hat eine Posttraumatische Belastungsstörung entwickelt mit den Kernsymptomen einschießende Nachhallerinnerungen (Flashbacks), Vermeidungsverhalten und Hyperarousal (innere Unruhe). Zugleich hatte sie nicht wirklich getrauert, sondern war gleichsam in der damaligen Zeit und am damaligen Ort stehen geblieben.

e. Partnerkonflikte

Der Tod eines Kindes bedeutet für die Partnerschaft eine schwere Belastungsprobe. Als Gründe dafür lassen sich anführen:

- Trauer und Aggression sind untrennbar miteinander verbunden. Im Falle des Verlustes eines Kindes ist es den Eltern jedoch unmöglich, diese Aggression gegen das tote Kind zu richten. Daher wird sie häufig auf den Partner verschoben, u. a. in Form von Schuldzuweisungen.
- Das Trauerverhalten von Männern und Frauen unterscheidet sich häufig: Viele Männer verbergen ihre sehr wohl tiefe Trauer in ihrem Innern. Das mag dadurch bedingt sein, dass von Männern seit jeher emotionale Kontrolle erwartet wird, so dass sie sich mit dem Ausdruck von Gefühlen schwer tun. Frauen dagegen wird dies eher zugestanden, so dass sie es eher gewohnt sind, ihren Gefühlen freien Lauf zu lassen und auf der Gefühlsebene zu kommunizieren. Dadurch werden nicht nur gegenseitige Anteilnahme und gegenseitiger Austausch erschwert; darüber hinaus wird so das Fundament für massive Konflikte gelegt. Die Partnerin bezichtigt ihren Partner möglicherweise der Gefühllosigkeit; dieser wiederum fühlt sich in seiner vorwiegend stillen, in sich gekehrten Art der Trauer verletzt und unverstanden.
- Da sie eine erneute Verlusterfahrung befürchten, verzichten viele Paare bewusst oder unbewusst auf sexuelles Zusammensein und entfremden sich mit der Zeit auf diese Weise voneinander.

f. Unbewusste Inszenierungen

Die Geschwister eines toten Kindes werden häufig von den Eltern unbewusst in die Rolle von deren Stellvertreter gedrängt: Erlebte Versäumnisse sollen so wieder gutgemacht werden bzw. die Lücke, die der Verlust gerissen hat, soll auf diese Weise geschlossen werden. Dass man den hinterbliebenen Geschwistern nicht gerecht wird, sondern ihnen vielmehr eine schwere Last aufbürdet, versteht sich von selbst.

Mit den sog. frühen Verlusten eines Kindes, auf die im Rahmen des vorliegenden Lehrtextes nicht näher eingegangen werden kann (Fehl-, Totgeburt, plötzlicher Kindstod), beschäftigen sich Beutel (2002) sowie Langenmayr (2013), Wagner (2013) und Worden (2011).

5.2.2 Zur Bedeutung der Selbsthilfe-Gruppen verwaister Eltern

Wie in der Einführung zu 5. schon gesagt, kommen die in 4. dargelegten Hilfen für Trauernde auch für Eltern in Frage, die ein Kind verloren haben. Dabei kommt der Klientenzentrierten Trauerberatung eine zentrale Bedeutung zu, denn sie ist in besonderer Weise in der Lage, die in 5.2.1 genannten spezifischen Belastungen verwaister Eltern aufzugreifen und zu bearbeiten: Schuldgefühle, Partnerkonflikte und unbewusste Inszenierungen. Dies schließt aber keineswegs aus, dass es immer wieder Fälle pathologischer Trauer geben wird, bei denen eine professionelle psychotherapeutische Begleitung notwendig ist (vgl. 3). Generell lässt sich sagen, dass der Tod eines Kindes ein derart schreckliches Trauma bedeutet, dass professionelle Hilfe unverzichtbar sein dürfte.

Auch die im Zusammenhang mit den Aufgaben der Trauer sowie mit der Trauer von Kindern bereits beschriebenen Rituale des Zulassens von Trauer, der Erinnerung und des Totengedenkens (vgl. 2.3.2 bzw. 5.1.3) haben beim Verlust eines Kindes ihre Bedeutung. Ein sehr eindrucksvolles Ritual vollziehen einige Mitglieder der Selbsthilfegruppe verwaister Eltern aus Neumarkt/Opf., das beispielhaft genannt werden soll: „An Weihnachten schneiden Betroffene aus dem geschmückten Weihnachtsbaum den schönsten Ast heraus und bringen ihn auf den Friedhof" (Ursula Wolf). So kommt auf eindringliche Weise zum Ausdruck, dass auch und gerade über die nicht verschließbare Lücke, die ein totes Kind gerissen hat, die bleibende Beziehung zu ihm erhalten bleibt.

Die Selbsthilfegruppen (SHGn) verwaister Eltern haben inzwischen generell eine besondere Bedeutung erlangt, so dass auf diese Form der Hilfe im Folgenden etwas ausführlicher eingegangen werden soll, obwohl über Trauergruppen schon Grundsätzliches gesagt wurde (vgl. 4.2). Auf diesen Abschnitt sei an dieser Stelle verwiesen.

Die SHGn verwaister Eltern sind Zusammenschlüsse von Menschen, die den gleichen Verlust – den Tod ihres Kindes – erlitten haben. Ihr Ziel ist die Bewältigung ihrer Trauer durch gegenseitige Hilfe. Zu diesem Zweck kommt man in regelmäßigen Abständen zusammen. Auf den ersten Blick stellt sich die Frage, ob es sinnvoll und hilfreich ist, die schmerzlichen Trauererfahrungen immer wieder und wieder ins Bewusstsein zu heben? Diese Frage wird in einem Informationsblatt der SHGn „Verwaiste Eltern Hannover" dahingehend beantwortet, dass nur auf diese Weise die Bewältigung der Traueraufgaben (vgl. 2.3.2) und damit der Weg durch die Trauer gelingen kann, wenn es dort heißt:

> Wir haben die Erfahrung gemacht, dass das Sprechen über den Tod eines Kindes uns jedes Mal traurig macht, „herunterzieht". Wir haben aber auch erfahren, dass es nach solch einem „Tief" jedes Mal wieder ein bisschen weiter aufwärts geht ... Der Tod des eigenen Kindes ist das schlimmste Leid, das Eltern treffen kann. Aber wir sind überzeugt davon, dass es aus diesem auch wieder einen Weg ans Licht gibt. Doch es ist stets ein langer Weg. Wenn wir ihn gemeinsam gehen, wird er vielleicht nicht kürzer, aber wir müssen ihn wenigstens nicht einsam gehen (Student 1977, 195).

5.2.2.1 Entstehung

Die Idee für eine SHG trauernder Eltern stammt aus dem angelsächsischen Raum. In England und den USA existiert sie, angeregt durch die bekannte Sterbeforscherin Elisabeth Kübler-Ross (1926–2004), schon seit ca. 1970. Erst zehn Jahre später wurde diese Idee in Westdeutschland von der Theologin und Psychologin Mechthild Voss-Eiser umgesetzt, die erstmals an der Evangelischen Akademie Nordelbien Wochenendveranstaltungen für trauernde Eltern anbot. Zugleich wurde damit begonnen, unter dem Namen „Verwaiste Eltern" bundesweit ein Netz von SHGn aufzubauen. Die Selbsthilfebewegung umfasst heute in Deutschland mehrere hundert Gruppen.

5.2.2.2 Strukturmerkmale

Die SHGn haben inzwischen ganz unterschiedliche Formen entwickelt. Gemeinsam ist ihnen jedoch der konsequente Selbsthilfeansatz. So heißt es in dem bereits zitierten Informationsblatt, dass alle SHGn von der Überzeugung getragen sind, „dass betroffene Eltern am besten geeignet sind sich gegenseitig zu unterstützen. Nicht-Betroffene können letztlich das Leid, das wir Eltern spüren, gar nicht ermessen".

Dieser Aspekt wird auch von Harriet S. Schiff, betroffene Mutter und Autorin des Buches „Verwaiste Eltern", bestätigt:

> Wie gewählt ... Worte auch sein mögen – wenn sich mit ihnen nicht eine gleichlaufende Erfahrung verbindet, dann stoßen sie ins Leere. So ist es auch bei leidtragenden Eltern, die ein Kind verloren haben. Es gibt wohl keinen, der dieses harte Schicksal erlebt und im Umgang mit andern Menschen nicht ... im Stillen gedacht hätte: „Du kannst einfach nicht wissen, wie das ist!" Fast immer wird dieser Gedanke wach, wenn liebe Angehörige und Freunde vergeblich versuchen, einen zu trösten ... Ihre Freundlichkeit wiegt fast nichts gegenüber der Verzweiflung, die Eltern überkommt, wenn ihnen ein Kind stirbt (Schiff 1977, 11).

Der konsequente Selbsthilfeansatz schließt nicht aus, dass sich SHGn der Unterstützung von Fachleuten versichern, vor allem bei problematischen Trauerverläufen. Als entscheidend wird jedoch angesehen, dass diese Personen in der Gruppe keine dominierende Rolle spielen, da sie in der Regel kein Kind verloren haben.

Einen fachlich ausgewogenen Standpunkt bezüglich des Verhältnisses von Selbsthilfegruppen und professioneller Unterstützung vertritt Dennis Klass, wenn er betont, dass verschiedene Menschen unterschiedliche Ansätze als hilfreich erleben, d. h.: Der eine Betroffene profitiert von Selbsthilfegruppen, der andere von professioneller Hilfe, wobei „viele trauernde Eltern ... von beiden Angeboten Gebrauch machen" (Klass 2014, 159), zumal das Ziel der Heilung für die Eltern dasselbe ist: Die „Transformation ihrer Beziehung zu dem verstorbenen Kinde" (Klass 2014, 159) im Sinne einer durch den Trauerprozess hindurchgegangenen bleibenden Beziehung zu ihm (vgl. 1.5).

SHGn werden entweder als offene oder geschlossene Gruppe geführt; offen bedeutet, dass die Teilnehmer kommen und gehen, wann sie möchten, so dass neue Teilnehmer ohne Probleme dazu stoßen können; geschlossen bedeutet, dass alle Teilnehmer zum gleichen Zeitpunkt beginnen und zum gleichen Zeitpunkt aufhören (vgl. 4.2.3.1).

Erfahrungsgemäß erscheinen überwiegend Frauen zu den Gruppenterminen; Ehepaare oder Männer kommen eher selten. Diese Entwicklung ist insofern bedauernswert, als man sich auf diese Weise um die Möglichkeit bringt, füreinander Verständnis dafür zu erreichen, dass sich das Trauerverhalten bei Männern und Frauen häufig unterscheidet (vgl. 5.2.1).

Von besonderer Wichtigkeit ist es, den richtigen Anfang für die Gruppenarbeit zu finden. Wenn eine SHG ganz neu begonnen werden soll, machen am besten die Betroffenen selbst den Anfang. Sie wissen am besten, was trauernde Eltern wirklich brauchen. Sie müssen allerdings den Mut aufbringen, mit ihrem Anliegen an die Öffentlichkeit zu gehen, indem sie etwa durch die verschiedenen Medien oder mithilfe eines engagierten Journalisten auf ihr Anliegen aufmerksam machen. Hilfreich können auch die örtlichen Koordinationsstellen für Selbsthilfegruppen sein, die es in zahlreichen Städten gibt.

Für die Kontinuität der Gruppenarbeit ist es von Bedeutung, dass aus früheren Trauergruppen mindestens zwei Teilnehmer eine neue Gruppe eine Zeitlang begleiten; dies sollten bevorzugt Eltern sein, die ihre eigene Trauer gut durchlebt haben und daher in der Lage sind, die Trauer anderer Eltern auszuhalten. „Kontinuität in der Gruppenarbeit mit trauernden Eltern ist nicht zuletzt deshalb besonders wichtig, weil trauernden Eltern nicht zusätzliche Verletzungen dadurch zugefügt werden dürfen, dass die Gruppe vorzeitig auseinander bricht und ihnen damit neue Verlusterfahrungen zugemutet werden, ehe sie selbst genügend Halt aus der Gruppe ziehen durften" (Student 1977, 198).

Zu Beginn der Gruppenarbeit sind noch die folgenden drei Dinge wichtig:

a. Ein neutraler Raum. Kirchliche Räume können problematisch sein, da manche Eltern zu Beginn ihres Trauerprozesses die Kirche mit einem Gott in Verbindung bringen, der ihnen ihr Kind genommen hat. Dies bedeutet allerdings nicht, dass diese negative Einstellung bleiben muss bzw. dass religiöser Glaube nicht zu einem späteren Zeitpunkt hilfreich sein kann (vgl. 2.2.3).

b. Angenehme, ansprechende Räumlichkeiten, die Wärme und Geborgenheit ausstrahlen. Die durch Angst und Unsicherheit geprägte Anfangssituation sollte in jeder Hinsicht einladend gestaltet werden.

c. Geduld, zumal erfahrungsgemäß zu Beginn so manche Eltern die Gruppe wieder verlassen. Von daher ist es sehr wichtig, von vornherein überzogenen Erwartungen entgegenzuwirken, etwa durch den Hinweis, dass die Gruppe keineswegs schnelle Hilfe garantiert oder gar den Trauerschmerz beseitigt.

5.2.2.3 Vorzüge

Die Vorzüge von Gruppengesprächen (vgl. 4.2.2) kommen gerade bei der SHG verwaister Eltern in besonderer Weise zum Tragen:

Durch den Tod eines Kindes sind die Eltern in eine tiefe Isolation geraten: Mit dem Kind wurde ein zentraler Bezugspunkt verloren, die Beziehung zum Ehepartner ist problematisch geworden (vgl. 5.2.1), das soziale Umfeld zieht sich aus Hilflosigkeit zurück. In dieser Situation vermag die SHG die Isolation aufzubrechen und neue, von Hilfe und Verständnis getragene Beziehungen zu ermöglichen. Das gemeinsam erfahrene Leid führt auf der Basis gegenseitiger Einfühlung und Akzeptanz zu Verstehen und Solidarität sowie zu dem entlastenden Gefühl, mit seinem zunächst als einzigartig erlebten Verlusterlebnis nicht alleine zu sein. Die Gruppe wird gleichsam zu einem haltgebenden Beziehungsobjekt.

Auf dieser Basis werden die Gruppenmitglieder in die Lage versetzt, sich zu öffnen und all die schmerzhaften und zum Teil als problematisch erlebten Trauergefühle – einschließlich Gefühle der Schuld und Ohnmacht, der Hoffnungslosigkeit und Aggression, auch und gerade gegen Gott – zuzulassen und zu durchleben.

Von besonderer Bedeutung ist die durch die Gruppe bedingte Möglichkeit zum hilfreichen Lernen am Modell: Eltern, die ihre Trauer durchlebt haben oder zumindest in ihrem Trauerprozess deutlich vorangeschritten sind, werden für Eltern, die noch akuter trauern zum Zeichen der Hoffnung: Diese erkennen, dass auch nach dem Tod eines Kindes wieder bessere Zeiten kommen können, dass ein Leben ohne Kind möglich ist, auch wenn dieses nicht mehr wie früher sein wird. Die hilfreichen Eltern wiederum erfahren durch das Gefühl, gebraucht zu werden und andere unterstützen zu können, selbst Hilfe und eine Steigerung des Selbstwertgefühls.

5.3 Tod durch Suizid

Das Suizid-Problem (lat. sui caedere, sich selber töten) stellt sich im Zusammenhang mit Trauer und Trauerbegleitung auf zwei Ebenen: zum einen in Gestalt der Notwendigkeit für Hinterbliebene, den Suizid eines Familienangehörigen zu verarbeiten; zum anderen in Form der möglichen Suizidalität eines Menschen, der von einem Trauerfall betroffen ist. Die folgenden Ausführungen wollen beide Ebenen in den Blick nehmen. Zunächst soll über die Psychologie des Suizids informiert werden, da diese sowohl zur Vorbeugung von Suizid als auch für dessen Verarbeitung durch die Hinterbliebenen unabdingbar ist (vgl. 5.3.1). Anschließend soll auf die Besonderheiten dieser Verlusterfahrung im Hinblick auf die Trauerreaktionen eingegangen werden (vgl. 5.3.2), bevor Bewältigungsansätze für die Hinterbliebenen nach einem Suizid vorgestellt werden (vgl. 5.3.3).

5.3.1 Zur Psychologie des Suizids

5.3.1.1 Der Suizid als spezifisch menschliche Erscheinung

Suizid und Suizidversuch sind Verhaltensweisen, die nur dem Menschen möglich sind. Sie setzen das Wissen um die Endlichkeit und Beendbarkeit des Lebens voraus sowie die Fähigkeit zu einem bewussten Handeln, das darauf abzielt, die eigene Existenz zu beenden. „Der Mensch dürfte das einzige Lebewesen sein, welchem es möglich ist, sich selbst den Tod zu geben. Es ist vielleicht das größte Geheimnis seiner Existenz, dass unter den vielen Entscheidungen, die ihm ermöglicht und gleichzeitig auferlegt sind, sich auch die schwerwiegendste, nämlich die zwischen Sein und Nichtsein befindet" (Ringel 1989, 11 f.). „Suizidal wird ein Mensch, wenn er einer ihm unerträglichen oder unlösbar erscheinenden Situation nur dadurch glaubt entrinnen zu können, dass er sich dem Leben entzieht ... Gemeinsam ist allen Suizidsituationen die Hoffnungslosigkeit" (Tölle & Windgassen 2012, 124).

Die Beurteilung des Suizids war in der Geschichte sehr unterschiedlich. Die christliche Tradition hat ihn stets als in sich schlechte und durch kein Motiv zu rechtfertigende Handlung abgelehnt, indem sie das biblische Tötungsverbot auch auf den Suizid anwendete. Außerdem sah sie ihn im Widerspruch zur vom Menschen geforderten Selbstliebe. Die Erkenntnisse zur Klinik des Suizids, die zu der Einsicht führten, dass Suizid durch ein seelisches Leiden bedingt ist und von daher eine ethische Neueinschätzung erforderten (vgl. 5.3.1.4), waren lange Zeit nicht bekannt (vgl. Schnelzer 2003, 459 f.).

5.3.1.2 Suizidale Verhaltensweisen

5.3.1.2.1 Definitionen

„Suizidalität" dient als Oberbegriff für Suizidhandlungen (Suizidversuch, vollendeter Suizid) und Suizidgefährdung sowie Suizidideen (= Nachdenken über den eigenen Tod, Todeswünsche und suizidale Absichten im engeren Sinn). Suizidversuche werden auch als Parasuizid bezeichnet. So gesehen ist ein Suizid ein zum Tode führender Suizidversuch. Davon abzugrenzen ist eine Gruppe selbstschädigender Verhaltensweisen, die von manchen Autoren als „verzögerter Suizid“ beschrieben werden (Alkohol-, Medikamenten- und Drogenabhängigkeit, Magersucht, u. U. auch Risikoverhalten in Sport und Straßenverkehr), obwohl bei den Betreffenden die bewusste Absicht zu sterben fehlt.

5.3.1.2.2 Beschreibung

Bei der Beschreibung von Suizidhandlungen hat sich die folgende Unterteilung als erhellend erwiesen, die sich nach den Motiven des Suizidenten richtet (vgl. Bronisch 2007, 14 ff.):

a. Parasuizidale Pause

Hier steht nicht eine klare Todesabsicht, sondern der Wunsch nach einer *Zäsur* im Vordergrund. So berichten Patienten nach der Intoxikation (Vergiftung) durch Schlaftabletten davon, dass sie für immer schlafen wollten bzw. einfach abschalten, ihre Ruhe haben und weg von allen Problemen sein wollten.

b. Parasuizidale Geste

Hier steht der *Appell* an die Mitmenschen im Mittelpunkt, nicht der Wunsch zu sterben. Dies wird an einem charakteristischen Arrangement der Suizidhandlung erkennbar. Entweder wird der Suizidversuch, etwa mit Tabletten, vor den Augen der Person verübt, an die sich der Appell richtet, oder er wird so unternommen, dass der Suizident von der betreffenden Person mit großer Wahrscheinlichkeit noch rechtzeitig gefunden wird. Solche appellativen Inszenierungen sind besonders häufig bei bevorstehenden Trennungen vom Partner.

c. Parasuizidale Handlung

Hier steht die gegen das eigene Selbst gerichtete Aggression (Autoaggression) im Vordergrund. Im Gegensatz zur parasuizidalen Pause besteht ein eindeutiger Todeswunsch; Autoaggression steht insbesondere dann hinter dem Suizidverhalten, „wenn Selbstzweifel und Schulderleben hinter Verzweiflung und Hoffnungslosigkeit stehen. Der Suizid erscheint dann als Flucht aus einer unerträglichen Realität und als Ausweichen vor einer aussichtslosen Zukunft“ (Tölle & Windgassen 2012, 124 f.); im Unterschied zur präsuizidalen Geste lässt das Arrangement keine Rettung zu. Dementsprechend wird eine solche Suizidmethode eingesetzt, die einen tödlichen Ausgang nahe legt (erhängen, sich erschießen, Sturz aus großer Höhe). Diese Methoden werden auch „harte“

Methoden genannt, während Tabletten- und Drogeneinnahme sowie oberflächliches Ritzen an den Handgelenken als „weiche" Methoden bezeichnet werden. Dass der Autoaggression aggressive Gefühle gegen zentrale Bezugspersonen zugrunde liegen, wird sich noch zeigen (vgl. 5.3.1.4.1).

Damit lässt sich die Motivstruktur von Suizidhandlungen mit den Begriffen Flucht, Appell, Autoaggression und Aggression beschreiben, wobei sich diese Motive jedoch überschneiden können (vgl. Tölle & Windgassen 2012, 125).

5.3.1.3 Häufigkeit von Suizidhandlungen

Nach Schätzungen der WHO kommt es weltweit zu ca. 1 Million Suiziden pro Jahr. In den letzten 30 Jahren war die Zahl der Suizide in Deutschland rückläufig: 1980 waren es ca. 18 500 Fälle; im Jahr 2010 ca. 10 000 Fälle. Dabei ist zu bedenken, dass trotz dieses Rückgangs die Zahl der Suizide die Zahl der Verkehrstoten um das Doppelte übersteigt. Seit kurzem nehmen die Suizide wieder zu. Suizidversuche sind ca. 10–100mal häufiger als Suizide. Im hohen Lebensalter steigt die Zahl der Suizide an. Bei den Suizidversuchen besteht ein Gefährdungsgipfel in der Jugend und im frühen Erwachsenenalter. Männer begehen deutlich häufiger Suizid als Frauen; Frauen dagegen häufiger Suizidversuche als Männer. Bei den Männern dominieren „harte", bei den Frauen „weiche" Suizidmethoden. Mit zunehmendem Alter werden auch die Methoden der Frauen „härter". Die Mehrzahl der Studien zeigt ein geringeres Maß an Suiziden bei religiösen Menschen als bei Menschen ohne religiöse Orientierung. Nicht erfasst sind in diesen Statistiken Suizide durch Verkehrsunfälle und Drogen: Der Anteil suizidal motivierter KFZ-Unfälle beträgt in Deutschland 1 000 pro Jahr, wobei Verkehrstote auch bei deutlichen Hinweisen auf Suizid nicht in die Suizidziffer eingehen. Bei ca. 18 % der Drogentoten dürfte es sich um Suizide handeln (vgl. Benecke 2014, 291 f.; Kring & Johnson 2019, 203; Utsch et al. 2014, 139 f.).

Als besonders suizidgefährdete Personengruppen können gelten (vgl. Bronisch 2014, 53; Ringel 1989, 65 ff.):

- Depressive Menschen
- Schwer psychisch Kranke, insbesondere Schizophrene (vgl. 5.3.1.4.3)
- Verfolgte aus rassischen, religiösen, sexuellen oder politischen Gründen
- Flüchtlinge
- Alkoholiker und andere Süchtige

- Kriminelle Menschen
- Unheilbar chronisch Kranke
- Alte Menschen
- Personen in einer Ehekrise
- Personen, in deren Umgebung ein Suizid geschehen ist

Aus dieser Auflistung ergibt sich Folgendes: Risikogruppen sind solche Menschen, die an einer psychischen Störung leiden oder in der großen Gefahr sind, eine solche zu entwickeln. Der grundlegende Zusammenhang zwischen Suizid und psychischer Erkrankung wird im Folgenden noch deutlicher werden (vgl. 5.3.1.4).

5.3.1.4 Suizid und psychische Erkrankung

5.3.1.4.1 Das präsuizidale Syndrom

Der Wiener Psychiater Erwin Ringel untersuchte um 1950 745 Patienten nach einem Suizidversuch. Dabei legte er den Schwerpunkt der Betrachtung auf die direkt dem Suizidversuch vorausgehende Phase. Seine Ergebnisse, die auch heute noch gültig sind (vgl. Benecke 2014, 290 f.; Bronisch 2014, 37 ff.; Lieb & Frauenknecht 2019, 32) und in kaum einer wissenschaftlichen Darstellung zum Thema Suizid fehlen, hat er in dem Buch „Der Selbstmord. Abschluss einer krankhaft psychischen Entwicklung" (1953) festgehalten. Ringel hat bei diesen Menschen vor ihrer Tat „mit solcher Übereinstimmung eine gemeinsame seelische Befindlichkeit rekonstruieren können, dass er sich ... berechtigt fühlte, hier von einem ‚präsuizidalen Syndrom', also von einer dem Selbstmord vorausgehenden charakteristischen Befindlichkeit zu sprechen" (Ringel 1989, 15), d. h. von einer seelischen Verfassung, die alle Suizidgefährdeten gemeinsam haben. Dabei bedeutet „präsuizidal" „vor der Suizidhandlung bestehend", während „Syndrom" eine charakteristische Kombination von mehreren, in diesem Fall psychischen Krankheitssymptomen, bezeichnet. Als Elemente dieses Syndroms nennt Ringel:

a. Zunehmende Einengung

b. Gehemmte und gegen die eigene Person gerichtete Aggression

c. Suizidphantasien

Ringel macht damit zweierlei deutlich:

- Suizidalität ist von außen erkennbar und eröffnet die Möglichkeit der Hilfe
- Suizidalität ist Ausdruck einer psychischen Störung, denn das präsuizidale Syndrom ist ein gemeinsamer Nenner all jener seelischen Erkrankungen (Depression, Schizophrenie, Sucht), welche eine suizidale Entwicklung in die Wege leiten können. Im Einzelnen lässt sich das präsuizidale Syndrom wie folgt beschreiben (vgl. Ringel 1989, 16 ff.):

a. Zunehmende Einengung

Normalerweise eröffnet das menschliche Leben eine Vielfalt von Gestaltungs- und Entfaltungsmöglichkeiten. Im präsuizidalen Zustand ist die nicht mehr wahrnehmbar: Die Situation wird als bedrohlich, unveränderbar und übermächtig erlebt, die eigene Person demgegenüber als klein, hilflos und ohnmächtig. Diese Einschätzung kann einer tatsächlichen situativen Einengung entsprechen, wenn ein Mensch plötzlich mit schicksalhaftem Unglück (Verlust eines geliebten Menschen, unheilbare Krankheit) oder anderen bedrohlichen Situationen konfrontiert wird (Verlust der materiellen Existenzgrundlage). Die *situative Einengung* allein bewirkt jedoch noch keinen Suizid. Im Gegenteil: Vielfach mobilisiert diese psychische Belastungsprobe die Selbsterhaltungs- und Bewältigungskräfte eines Menschen, die versuchen, die neue Situation zu meistern. Wäre es anders, wäre ein Suizid ein „normales" und alltägliches Phänomen, weil das menschliche Leben regelmäßig Erfahrungen bereithält, die den Handlungsspielraum einengen.

Die eigentliche Suizidalität entsteht erst, wenn zur situativen Einengung die *dynamische Einengung* hinzukommt. Damit ist eine einseitige gefühlsmäßige Ausrichtung der Stimmungen, Gedanken und Vorstellungen in negative Richtung gemeint. Der Betreffende hat sozusagen die „schwarze Brille" auf, durch die alles negativ und hoffnungslos erscheint. „Diese einseitige Ausrichtung führt schließlich zu Depression, Verzweiflung, Angst und Panik oder auch zu unheimlicher Ruhe (die nur nach außen hin das dahinterliegende Chaos verbirgt)" (Ringel 1989, 18), bis sich der Betreffende von diesem als übermächtig erlebten Sog zum Suizid gezwungen fühlt. Dieser Sog ist dann so stark, dass er den natürlichen Selbsterhaltungstrieb außer Kraft setzt.

Parallel mit der dynamischen Einengung geschieht die *Einengung der zwischenmenschlichen Beziehungen*. Der Suizidgefährdete ist ein zutiefst isolierter Mensch, der sich vereinsamt und unverstanden fühlt. Es kommt zu einem Rückgang zwischenmenschlicher Kontakte bis zur totalen Isolation bzw. zur Entleerung bestehender Beziehungen durch den Verlust echter Verbundenheit. Häufig schränkt der Suizidgefährdete seinen Bekannten- und Freundeskreis in der Form ein, dass er sich nur noch an eine Person anklammert, von der Leben und Tod abhängig erscheinen. Schon geringfügige Anlässe führen dann zu Wut und Enttäuschung, die zwangsläufig autoaggressiv gegen die eigene Person gerichtet werden (vgl. b.).

Innerhalb der zunehmenden Einengung zeigt sich noch eine Einengung der „Wertwelt", d. h. der Empfindungen für Wertvolles im Sinne einer „Wertreduktion" (Ringel 1989, 20). Der Mensch gestaltet sein Leben gewöhnlich in der Weise, dass er Wertvorstellungen entwickelt und diese auch verwirklichen möchte. Im präsuizidalen Stadium geht beides verloren. Infolge einer inneren Verödung erscheint das, was vorher als interessant, wichtig und erfüllend erlebt wurde, als langweilig, belanglos und leer. Auch einstmals geliebte Freizeitbeschäftigungen verlieren ihren Reiz.

b. Gehemmte und gegen die eigene Person gerichtete Aggression

Man muss sich dessen bewusst sein, dass ein Suizid eine eminent aggressive Handlung darstellt, auch wenn dies von der Umwelt nicht immer so gedeutet werden kann. Wenn sich auch die Aggression des Suizidenten „gegen die eigene Person richtet, so sind im Grunde doch andere Menschen, vielleicht auch ihre Gesamtheit, also die Gesellschaft, die eigentlich gemeinten Ziele" (Ringel 1989, 21). Vermutlich gehen allen Suizidhandlungen Tötungswünsche gegenüber anderen Personen voraus, von denen sich der Betreffende schlecht behandelt oder unverstanden fühlt. Da depressive und damit potenziell suizidgefährdete Menschen (vgl. 3.2.2) über ein strenges Über-Ich (= Gewissen) verfügen, ist es ihnen nicht möglich, die Aggression nach außen auf ihre eigentlichen Ziele zu richten. Unter diesen Voraussetzungen geschieht eine Verschiebung der angestauten Aggression gegen die eigene Person in Gestalt der suizidalen Handlung. Quelle dieser Aggression sind auch depressionstypische Schuldgefühle und Selbstabwertungen, die ebenfalls in einer Suizidhandlung aggressiv gegen das eigene Selbst gerichtet werden können.

c. Suizidphantasien

Nicht jeder Gedanke an einen Suizid bedeutet einen Hinweis auf einen präsuizidalen Zustand: „Wer hätte nicht schon einmal in seinem Leben mit der Möglichkeit, Selbstmord begehen zu können, gespielt? (Der Psychiater Hans, T.S.) Bürger-Prinz meint, dass wir alle tot wären, wenn wir an unserem Körper eine Vorrichtung besäßen, die wir, ähnlich einem Lichtschalter, auf ‚Aus' stellen könnten" (Ringel 1989, 22).

Davon zu unterscheiden ist eine intensive gedankliche Beschäftigung mit dem Suizid, die mit der dynamischen Einengung und ihrer einseitig pessimistischen Ausrichtung der Gedanken einhergeht. Solche Gedanken dienen zunächst der Entlastung, da sie einen letzten Ausweg zu eröffnen scheinen, und werden daher aktiv gefasst. Sie können sich jedoch im Zuge des präsuizidalen Sogs gegen den Willen des Betreffenden zwanghaft aufdrängen.

Was den Inhalt der Suizidphantasien anbelangt, lassen sich drei Stufen unterscheiden, die die zunehmende Gefahr eines Suizids wiedergeben:

- 1. Stufe: Die Vorstellung, tot zu sein, ohne dass die Suizidhandlung selbst phantasiert würde; diese sowie das Sterben überhaupt werden einfach übersprungen. Auf dieser Stufe bleibt der Betreffende insofern auch als Toter am Leben, als er den „Lustgewinn" des Suizids (wie sich alle kränken und Schuldgefühle darüber verspüren, so schlecht zu ihm gewesen zu sein) auskosten kann. Wie in kindlichen Phantasien kann dabei der Tod jederzeit rückgängig gemacht werden.
- 2. Stufe: Die Vorstellung, sich das Leben zu nehmen, ohne dass es zu entsprechenden Durchführungsplänen kommt.
- 3. Stufe: In diesem Stadium höchster Gefahr ist der Betreffende bereits bis ins Detail auf eine bestimmte Suizidmethode fixiert.

Das präsuizidale Syndrom, wie es von Ringel beschrieben wurde, bedarf jedoch der Ergänzung (vgl. Bronisch 2014, 38 f.).

Entgegen dem Eindruck, dass es sich bei einem Suizid um eine abgewogene Tat handelt, muss betont werden, dass die meisten Suizidhandlungen *Impulshandlungen* sind, die darin gründen, dass ein momentaner seelischer Schmerz nicht ausgehalten werden kann. Häufig wird der Impulscharakter noch durch die Einnahme von Alkohol, Medikamenten und Drogen verstärkt, welche jede bewusste Kontrolle ausschalten sollen.

Weiterhin sind viele Suizidhandlungen von der Angst vor der Überschreitung der Todesschwelle geprägt, etwa wenn Suizidversuche einen Ausgang hin zum Tode oder zum Leben offen lassen („Gottesurteil"). In diesen Zusammenhang gehört etwa, wenn Drogenabhängige Dosierungen von Heroin verwenden, die nahe der oder knapp über der tödlichen Dosis liegen. „Suizidhandlungen als Impulshandlungen und als Gottesurteil zeigen somit auch die *Ambivalenz* des Suizidenten hinsichtlich seines Wunsches zu sterben. Nur in den allerseltensten Fällen ist die Suizidabsicht so eindeutig, dass man nicht mehr von einer solchen Ambivalenz (= Unentschiedenheit, T. S.) sprechen kann" (Bronisch 2014, 39). Viele Autoren berichten übereinstimmend, dass Klinikpatienten nach einem Suizidversuch in bis zu 99 % der Fälle schon nach wenigen Tagen von ihren Suizidabsichten Abstand genommen haben.

Aus dem präsuizidalen Syndrom sowie aus der Ambivalenz von Suizidhandlungen ergibt sich für die Bewertung des Suizids zweierlei:

- Ein Suizid ist *kein Freitod,* sondern eine hochambivalente Impulshandlung, die den Abschluss einer krankhaften, unfrei machenden Entwicklung bedeutet. Daraus ergibt sich „wie unhaltbar, ja verhängnisvoll irreführend das … Wort „Freitod" eigentlich ist. Nicht nur wird damit ein Tatbestand falsch beschrieben, sondern diese falsche Qualifikation hat auch für den Zuhörer und Beobachter verhängnisvolle Folgen: Er ist geneigt, den „freien Willen" des Täters zu respektieren, fühlt sich berechtigt, ja sogar verpflichtet, untätig zu bleiben … um jedem seinen „Willen" zu lassen" (Ringel 1989, 18). Wird zusätzlich noch, wie es gelegentlich geschieht, die pseudophilosophische Behauptung verbreitet, dass der Suizid ein Akt der Freiheit und Menschenwürde sei angesichts einer unfrei machenden Welt, in die der Mensch geworfen ist, dürfte der letzte Rest an Bereitschaft, einem Suizidgefährdeten beizustehen, erlöschen.
- Ein Suizid ist *kein Selbstmord,* und zwar aus dem gleichen Grund, aus dem er kein Freitod ist (vgl. oben). Von daher ist der anklagend-moralisierende Begriff Selbst*mord* unangebracht; wer sich das Leben nimmt, begeht keine unmoralische Tat und damit auch keinen „Mord", sondern ist ein kranker und deshalb verzweifelter Mensch, der durch sein Kranksein seine Freiheit und damit die unabdingbare Voraussetzung für eine moralische Zurechnung verloren hat. Die Einsicht, dass Suizidalität das Symptom einer psychischen Störung ist, wird inzwischen auch von der katholischen Kirche akzeptiert. Seit der Geltung des kirchlichen Gesetzbuches (CIC) von 1983 darf Suizidenten das kirchliche Begräbnis nicht mehr verweigert werden.

Es wird sich später noch zeigen (vgl. 5.3.3), dass das Wissen um die Krankheitsbedingtheit einer Suizidhandlung für die Trauerbewältigung der Hinterbliebenen von großer Bedeutung ist. Aus diesem Grund soll der Zusammenhang von Suizid und psychischer Erkrankung nun noch genauer erläutert werden (vgl. 5.3.1.4.2–5.3.1.4.3).

5.3.1.4.2 Suizid, Depression und Aggression

Was unter einer Depression im Sinne einer psychischen Störung zu verstehen ist, wurde im Zusammenhang mit der Abgrenzung von Trauer und Depression bereits erläutert (vgl. 3.2). Dass Depression und Aggression miteinander zusammenhängen, und zwar dahingehend, dass Depression als gegen die eigene Person gerichtete Aggression verstanden werden kann, wurde bei der Beschreibung des präsuizidalen Syndroms angedeutet (vgl. 5.3.1.4.1).

In der Tat kommen Depression und Aggression in tiefenpsychologischer Sicht eine Schlüsselstellung für das Erkennen und Verstehen von suizidalem Verhalten zu (vgl. Bronisch 2014, 40 ff.). Dieser Zusammenhang wurde bereits 1915 von Sigmund Freud in seiner Schrift „Trauer und Melancholie", in der er auch sein Verständnis von Trauer entfaltet hat (vgl. 1.3), erkannt. Danach besteht beim suizidalen Menschen eine möglicherweise bis weit in die Kindheit zurückreichende, anhaltende und zugleich unbewusste innere Konfliktsituation. Häufig besteht dieser Konflikt aus dem Wunsch nach Autonomie (Selbständigkeit) einerseits und dem Wunsch nach positiver Abhängigkeit im Verhältnis zu einer nahen Bezugsperson andererseits, d. h.: Auf der einen Seite findet sich ein ausgeprägtes Bedürfnis nach Anlehnung und Geborgenheit; zugleich besteht aber auch das Bestreben nach Selbstbestimmung und Unabhängigkeit. Dabei wird der betreffenden Bezugsperson zugleich Zuneigung und Aggression, Liebe und Hass entgegengebracht. Dieser Hass richtet sich darauf, dass diese Person als Blockade der eigenen Autonomiebestrebungen erlebt wird bzw. darauf, dass sie das Problem der extremen Verlustangst nur begrenzt lösen kann und dadurch für eine ständige Frustration des passiven Liebes- und Abhängigkeitsverlangens sorgt. Auf diese Weise wird dem Betreffenden noch einmal seine Unselbständigkeit vor Augen geführt, was wiederum Wut auf die eigene Person erzeugt. Vor diesem Hintergrund wird die Depression verstehbar als gegen das eigene Ich gerichtete Aggression: Aufgrund seines rigiden Gewissens kann der depressive Mensch keinerlei aggressive Empfindung gegen die Person tolerieren, die er liebt. Vielmehr muss er eine Umgangsform mit seinen aggressiven Impulsen finden, die

- keine Konflikte mit demjenigen hervorruft, von dem er sich abhängig fühlt und zugleich
- die Schuldgefühle sowie die Angst beruhigt, die im Gefolge der aggressiven Impulse in ihm entstehen.

Die „Lösung" dieses gefühlsmäßigen Zwiespalts geschieht in der Wendung der Aggression gegen die eigene Person. Das Selbstwertgefühl erleidet so in Form von (bewusst erlebten) Selbstvorwürfen seine typischen Einbrüche, welche wiederum eine depressive Verstimmung zur Folge haben. Das depressive Symptom ist damit die Folge der anhaltenden Aggression gegen die eigene Person. Zugleich hat die depressive Symptomatik als Krankheitsgeschehen die unbewusste Funktion, die Zuwendung der Bezugsperson zu erzwingen. Gelingt dies nicht, kommt es zum Suizid als letzte Konsequenz (vgl. Hoffmann & Hochapfel 2009, 146 ff.).

Der Zusammenhang von Suizidalität und Aggression konnte darüber hinaus in zahlreichen Untersuchungen festgestellt werden. Dabei zeigte sich, dass nicht nur die nach innen, sondern auch die nach außen gerichtete Aggressivität von Bedeutung ist. So wurde deutlich, dass suizidale Personen in erhöhtem Maße impulsiver, reizbarer und feindseliger, z.T. auch gewalttätiger und damit aggressiver als nicht suizidale Personen sind (vgl. Jamison 1999, 180 ff.). Damit erweist sich Aggressivität als wichtiger Gesichtspunkt des Erkennens von suizidalem Verhalten (vgl. Bronisch 2014, 42).

Die über den Zusammenhang mit der Aggression bestehende Verbindung von Depression und Suizidalität hat sich auch in sämtlichen weltweiten Einteilungssystemen von psychischen Erkrankungen insofern niedergeschlagen, als sie Suizidalität nicht als eigenständige seelische Störung, sondern als ein zentrales Symptom einer depressiven Erkrankung ansehen.

Dieser Zusammenhang wurde durch wissenschaftliche Studien bestätigt (vgl. Bronisch 2014, 41). So haben Langzeituntersuchungen ergeben, dass etwa 15 % aller stationären depressiven Patienten an Suizid versterben; in psychologischen Studien an vollendeten Suiziden, sog. Autopsie-Studien, wurde im Rückblick festgestellt, dass 40–70 % der durch Suizid Verstorbenen an ausgeprägten depressiven Verstimmungen gelitten haben. Suizidalität zeigt sich nahezu immer von depressiven Symptomen begleitet. Zwar berichtet auch ein Teil depressiver Menschen niemals von Suizidideen oder gar Suizidversuchen, doch sind Depressive von einem gewissen Schwergrad ihrer Störung an regelmäßig suizidgefährdet. Grundsätzlich gilt: 80 % der Depressiven denken zu irgendeinem Zeitpunkt an Suizid. Nicht zuletzt aus diesem hohen Prozentsatz ergibt sich, dass die weit verbreitete Auffassung, allein schwer depressive Menschen seien wirklich suizidgefährdet, falsch ist. Von daher bedeutet der Umstand, dass mit der Depression eine u.U. lebensbedrohliche Erkrankung häufig nicht erkannt wird, eine tiefe Tragik, denn bei fast allen Suizidenten findet sich „irgendeine Form von Depression" (Jamison 1999, 104). Der quälende

Leidensdruck depressiver Menschen wird in anschaulicher Weise erahnbar, wenn man das depressive Erleben betrachtet, wie dies Kay Redfield Jamison als Professorin der Psychiatrie und zugleich aus eigener Betroffenheit heraus getan hat:

> In ihren schweren Formen lähmt die Depression alle vitalen Kräfte, die uns zu Menschen machen; sie führt dazu, dass die von ihr Betroffenen trübsinnig werden, verzweifeln und erstarren. Sie bewirkt einen Zustand der Leere, der Müdigkeit, die Kranken sind überanstrengt und heftig erregt, sie sind ohne Hoffnung und außerstande, irgendetwas zu leisten. Die Depression schafft eine Welt, in der es ... keine Luft und keinen Ausgang gibt. Das Leben wird blutleer und antriebslos, gleichwohl ist der Kranke präsent genug, um Schrecken und Qualen zu spüren, die ihn ersticken ... Den Horror einer tiefen Depression und die Hoffnungslosigkeit, von der er gewöhnlich begleitet ist, kann sich keiner ausmalen, der ihn nicht erlebt hat (Jamison 1999, 104.106).

5.3.1.4.3 Suizid und andere psychische Störungen

Grundsätzlich gilt, dass alle Personen mit psychischen Störungen eine wesentlich höhere Rate von Suiziden und Suizidversuchen aufweisen als Personen ohne solche Störungen. Von zentraler Bedeutung für die Beurteilung von Suizid sowie für die Trauerverarbeitung der Hinterbliebenen ist die Tatsache, dass im Rückblick „bei 86–100 % der Suizidenten eine psychiatrische Diagnose gestellt“ (Bronisch 2014, 43) werden konnte. Das bedeutet, „dass es praktisch in allen Fällen möglich ist, zu einer psychiatrischen Diagnose zu kommen“ (Ringel 1989, 26; vgl. Jamison 1999, 101; Kring & Johnson 2019, 205).

Der Laie geht häufig davon aus, dass eine Suizidhandlung durch unerträgliche psychische Belastungen, schwere Enttäuschungen und Misserfolge oder nicht zu ertragende Verlusterlebnisse erklärbar oder zumindest nachvollziehbar sei. Dem ist Folgendes entgegenzuhalten:

> Psychischer Schmerz oder Stress allein – so groß Verlust und Enttäuschung, Scham und Zurückweisung auch gewesen sein mögen – sind selten ein ausreichender Grund für einen Selbstmord ... Stress und Schmerz sind relativ und höchst subjektive Erfahrungen ... der gesunde Verstand ... konstruiert in der Regel keine Ereignisse, die so verheerend sind, dass sie einen Selbstmord rechtfertigen (Jamison 1999, 93).

Das bedeutet, dass negative Erlebnisse auch als Herausforderungen aufgefasst werden können, die es zu bewältigen gilt. Die Depression und andere psychische Störungen erschüttern jedoch diese Fähigkeit. Dies gilt im Übrigen auch für Personen mit einer unheilbaren körperlichen Erkrankung wie Krebs oder multiple Sklerose. Dem laienhaften Urteil, dass in diesem Fall ein Suizid verständlich und vernünftig sei, steht die Tatsache gegenüber, dass diese Krankheiten, die oft mit starken Schmerzen, Entstellungen sowie der Einschränkung von Würde und Unabhängigkeit einhergehen, so wenig Suizidfolgen haben. Zwar sind Menschen, die sich das Leben nehmen, häufig körperlich krank, doch das trifft laut Studien auch auf diejenigen zu, die sich nicht töten. Das bedeutet, dass „fast jeder, der körperlich krank ist, und daraufhin Selbstmord begeht, auch psychisch krank" ist. Meist sind diese Suizidhandlungen „auf eine gleichzeitig vorhandene Depression zurückzuführen" (Jamison 1999, 103 f.).

Aus dem Gesagten wird noch einmal deutlich, dass Suizidalität einen krankhaften Zustand widerspiegelt, wenn sie auch nicht mit einer bestimmten psychischen Erkrankung identisch ist. Sie stellt vielmehr den kleinsten gemeinsamen Nenner verschiedener seelischer Erkrankungen dar. Um eine mögliche Suizidgefahr zu erkennen, ist es unerlässlich, eine Vorstellung von diesen Erkrankungen zu haben. Im Zusammenhang mit der Trauerbewältigung können diese Erkrankungen als Faktoren wirksam werden, die Trauer pathologisch entgleisen lassen (vgl. 3.1.3) oder zumindest ihren Verlauf ungünstig beeinflussen. Im Einzelnen sind u. a. zu nennen (vgl. Bronisch 2014, 44 ff.):

- *Suchterkrankungen:* Grundsätzlich werden drei Formen der Suchterkrankungen unterschieden: Alkoholabhängigkeit, Medikamentenabhängigkeit und Drogenabhängigkeit. Als Folge des fortgesetzten Konsums von Drogen sowie in Verbindung mit der Entwicklung von Toleranz (= Gewöhnung) und Abhängigkeit, tritt ein Zustand auf, in dem die Person ein körperliches Verlangen nach der Droge erlebt; ist diese nicht erreichbar, kommt es zu Entzugserscheinungen (Zittern, Schweißausbrüche, Übelkeit). Die erhöhte Suizidalität gründet einerseits im ohnehin selbstschädigenden Charakter des Suchtverhaltens (vgl. 5.3.1.2.1), andererseits in der bei Süchtigen häufigen Neigung zur Depressivität.
- *Schizophrenie:* Dabei handelt es sich um eine schwere psychische Störung, bei der es zu einem Zerfall der Persönlichkeit kommt; dieser Prozess ist u. a. charakterisiert durch eine verzerrte Wahrnehmung mit Realitätsverlust, abgestumpfte Emotionen, absonderliches Denken und fremd-

artige Sprache sowie Wahn und Halluzinationen. Nach akuten Schüben folgen oft depressive Episoden, die mit Suizidalität einhergehen können.

- *Panikattacken:* Darunter versteht man abgrenzbare Perioden intensiver Angst mit Atemnot, Beklemmungs- und Ohnmachtsgefühlen, Zittern, Schwitzen sowie Herzklopfen oder beschleunigtem Herzschlag. Ihr quälender Charakter sowie ihre häufige Verbindung mit einer Depression führen zu einem erhöhten Suizidrisiko.
- *Persönlichkeitsstörungen:* Dabei handelt es sich um seelische Störungen, die durch anhaltende unflexible und nicht an die jeweilige Situation angepasste Verhaltensmuster gekennzeichnet sind. Diese führen zu persönlichem Leiden und/oder psychosozialen Problemen. Manche dieser Störungen gehen mit erhöhter Suizidalität einher. Dies gilt etwa für die *antisoziale Persönlichkeitsstörung,* bei der die betreffende Person ihre nicht kontrollierbaren aggressiven Impulse immer auch gegen sich selbst wenden kann, oder auch für die leicht kränkbaren Personen mit einer *narzisstischen Persönlichkeitsstörung,* deren labiles Selbstwertgefühl sie im Falle einer schweren Frustration dazu führen kann, die entsprechende Kränkungswut suizidal gegen die eigene Person zu richten.

Genauere Auskünfte über diese Störungen geben etwa Benecke (2014), Köhler (2017), Kring & Johnson (2019) sowie Lieb & Frauenknecht (2019).

5.3.2 Die Trauerreaktionen der Hinterbliebenen

Ein Suizid hinterlässt bei den Hinterbliebenen eine Vielzahl quälender Gefühle. Generell lässt sich sagen, dass sämtliche der bereits beschriebenen Trauerreaktionen auftreten können (vgl. 2.1). Dennoch hat die Trauer nach einem Suizid besondere Merkmale: Die bekannten Trauersymptome kommen in verschärfter Form vor, weitere suizidtypische Trauerreaktionen treten hinzu (vgl. Jamison 1999, 282 ff.; Wagner 2019, 33 f.):

a. Zwischen Schock und bestätigter Vorahnung

Der Tod durch Suizid kommt oft plötzlich und ohne Vorwarnung, aber nicht immer: Bei etwa der Hälfte aller Suizide hat bei den Angehörigen zumindest eine vage Vorahnung bestanden, dass so etwas geschehen könnte. So berichtet eine Betroffene: „Als ich die Nachricht bekam, dass er es getan hatte, war mein erster Gedanke: Jetzt ist es also passiert". Solche Vorahnungen haben damit zu tun, dass die Ankündigung eines Suizids viel häufiger geschieht als gemeinhin angenommen wird. Nach Ringel kommt sie sogar bei über 80 % der Fälle vor (vgl. Ringel 1989, 63). Da aber die Ernsthaftigkeit solcher teils direkten, teils indirekten Ankündigungen nicht immer erkannt wird, hat die Familie häufig „keine Gelegenheit, sich mit der Möglichkeit des Todes vertraut zu machen, keine Gelegenheit zur Versöhnung und zum Abschied" (Jamison 1999, 285).

b. Verleugnung, Scham und Tabuisierung

Häufig wird der Tod durch Suizid *verleugnet* und als Unfall umgedeutet. Dies entspricht der allgemeinen Tendenz der Hinterbliebenen, das Geschehene aus *Scham zu tabuisieren.* Dies gilt selbst in Fällen, bei denen der Betreffende einen Abschiedsbrief geschrieben hat oder durch Erhängen oder einen Kopfschuss gestorben ist; auch dann bestehen die Angehörigen vielfach darauf, dass der Tod durch einen Unfall eingetreten ist. Dieses Verhalten ist insofern verständlich als es der Abwehr von Zorn und Schuldgefühlen (vgl. unten) dient, von denen die Betroffenen spüren, dass diese im Falle eines Suizids besonders quälend sind. Dies gilt umso mehr von unvermeidlicherweise zweideutigen Todesfällen durch eine Überdosis Drogen, durch Ertrinken oder durch Autounfälle, an denen nur eine Person beteiligt ist; diese machen es noch schwerer, einen Suizid als solchen zu akzeptieren und verleiten dazu, von einem Unfall auszugehen.

c. Stigmatisierung

Der suizidtypischen Tendenz zu Verleugnung, Scham und Tabuisierung entspricht auf Seiten des Umfelds die *Stigmatisierung*. Das bedeutet: Eine Familie, deren Mitglied sich das Leben genommen hat, ist immer in Gefahr, sozial ausgegrenzt und beschuldigt zu werden. Von daher ist es keineswegs sicher, dass die Hinterbliebenen nach einem Suizid bei Freunden und Verwandten die gleiche Unterstützung finden wie im Falle der meisten anderen Todesarten. Immerhin ein Drittel der hinterbliebenen Angehörigen gibt an, dass sie durch den Suizid von ihrem Umfeld eine *Stigmatisierung* erfahren haben (vgl. Jamison 1999, 286). So sind offene oder auch anonyme Schuldzuweisungen an die Familie keine Seltenheit.

d. Traumatisierung

Die Erfahrung eines Suizids hat für die Hinterbliebenen häufig einen *traumatischen Charakter,* d. h. ist mit einer akuten seelischen Erschütterung bzw. Verletzung verbunden (griech. Trauma = Verletzung). So erfolgt der Tod durch eigene Hand oft auf gewaltsame Weise: Die Hinterbliebenen finden ihren Familienangehörigen erhängt vor oder werden mit verstümmelten Leichen konfrontiert, die sie möglicherweise identifizieren müssen; die Polizei wird hinzugezogen, was das ohnehin belastende Ereignis in die Nähe einer Straftat rückt; Versicherungsmitarbeiter, in deren Hand möglicherweise die Zukunft der Familie liegt, verschärfen die Situation durch aufdringliche Fragen und kränkende Nachforschungen.

e. Grübeln und Schuldgefühle

Der Suizident hinterlässt den Hinterbliebenen ein düsteres Geheimnis, das eine Vielzahl lähmender und quälender *Grübeleien* provoziert, die sich um die Frage drehen: Warum ist es zum Suizid gekommen? Was bedeutet dieses Ereignis für uns und unser Leben? Wie hätte der Suizid verhindert werden können? So äußerte ein Betroffener: „Man denkt und grübelt ständig darüber nach und fragt sich: Warum? Was wäre gewesen, wenn ...? Doch dieses Fragen bleibt fruchtlos und führt auf keinen grünen Zweig."

Insbesondere der retrospektive Blick mit der bohrenden Frage nach eigenen Schuldanteilen scheint im Trauerprozess eine unüberspringbare Phase darzustellen, mit der man konfrontiert wird (vgl. Holderegger 2002, 131). Näherhin gestaltet sich diese Frage, die neben den Familienmitgliedern und Freunden auch Kollegen und flüchtige Bekannte zermürbt, als endloses Rekapitulieren von möglichem Fehlverhalten, z. B. „dass es zu Streitigkeiten und Kränkungen gekommen war, dass Anrufe nicht erwidert wurden, dass man den Arzt nicht benachrichtigt, Schusswaffen und Medikamente nicht aus dem Haushalt entfernt, die Einweisung in eine psychiatrische Klinik aufgeschoben oder nicht zugelassen hat" (Jamison 1999, 286).

Eine Witwe mit drei Kindern im Alter von zehn, fünfzehn und sechzehn Jahren, deren Mann sich während einer schweren Depression erschossen hatte, beschreibt die darauf folgenden mit *Schuldgefühlen* belasteten und durch Schuldzuweisungen noch weiter erschwerten Tage und Monate auf sehr eindringliche Weise (zit. nach Jamison 1999, 294):

> Als ich den Verlust wirklich zu realisieren begann, kamen auch die Schuldgefühle und die Selbstvorwürfe. Ich hielt mir vor, nicht erkannt zu haben, wie schwer krank mein Mann war, und dass ich ihn nicht in eine Klinik geschickt hatte. Unsere Kinder fühlten sich schuldig wegen ihrer Beziehung zu ihm. Unser Sohn war mitten in der Pubertät und hatte oft Streit mit seinem Vater. Unsere ältere Tochter sagte, sie hätte eine Vorahnung der Katastrophe gehabt und ihrem Instinkt folgen und in der Nähe ihres Vaters bleiben sollen, statt schwimmen zu gehen. Unsere jüngere Toch-

ter meinte, sie hätte das Zimmer, in dem ihr Vater war, nicht verlassen dürfen, um in ihrem eigenen Zimmer eine Kassette zu hören.

Die Schuldgefühle und die Spekulationen des „Was wäre gewesen, wenn ...“ eskalierten und schienen keine Ende zu nehmen, besonders für mich. Meine Schwiegereltern, die uns vor dem Selbstmord sehr nahe standen, schoben mir die Schuld an der Depression meines Mannes zu und weigerten sich, unser Haus zu betreten.

f. Zorn, Aggression und Angst

Viele Suizide ereignen sich in einer ohnehin von Stress und Konflikten belasteten Atmosphäre. Insbesondere im Suizid eines Ehepartners verbirgt sich die ganze Zwiespältigkeit (Ambivalenz) zwischenmenschlicher Beziehungen zwischen tiefer Bindung und heftigen Auseinandersetzungen: Wenn sich nun in einer ambivalenten Beziehung mit dem Ehepartner der Mensch das Leben nimmt, mit dem man das Bett geteilt und Kinder erzogen hat, so wird dessen Suizidhandlung als persönliche Zurückweisung erlebt, die häufig mit Zorn und Aggression beantwortet wird. So äußerte eine Witwe, nachdem sich ihr Mann mit Autoabgasen das Leben genommen hatte: „Wenn du nicht gestorben wärst, hätte ich dich dafür umgebracht, dass du mich mit allen Problemen alleine zurückgelassen hast.“ Generell stellen Zorn und Aggression eine grundsätzliche Möglichkeit für Hinterbliebene nach einem Suizid dar, Trauerschmerz, Niedergeschlagenheit und Schuldgefühle abzuwehren und nicht zuzulassen. Da Zorn und Aggression aktive Gefühle darstellen, die offenbar leichter ertragen werden können als diese abgewehrten, eher passiven Gefühle, eignen sie sich auch zur Verdrängung der Angst, die die Hinterbliebenen nach einem Suizid häufig quält. Diese kann als Angst vor weiteren Verlusten durch Suizid auftreten; aber auch als Angst davor, selbst Suizid zu verüben. Diese Angst ist insofern nicht unberechtigt, als sich eine familiäre Häufung für Suizid findet. Diese Häufung lässt sich sowohl mit einer Übernahme suizidaler Modelle erklären als auch mit einer genetischen Veranlagung für diejenigen psychischen Störungen, die, wie oben dargelegt (vgl. 5.3.1.4.2–5.3.1.4.3), mit erhöhter Suizidalität einhergehen (vgl. Bronisch 2014, 56 ff.; 71 ff.; Kring & Johnson 2019, 205 f.).

g. Erleichterung

Langwierige und schwere psychische Erkrankungen belasten nicht nur die Kranken, sondern auch die Angehörigen. Insofern können die Angehörigen eines Suizidenten gelegentlich auch eine gewisse *Erleichterung* verspüren, wenn diese Belastung zu Ende ist. Jamison drückt dies sehr anschaulich aus:

> Bei aller Liebe, die man einmal für das Selbstmordopfer empfunden haben mag – zum Zeitpunkt des Todes waren wahrscheinlich auch die wichtigsten und tragfähigsten Beziehungen verschlissen, erschöpft und abgebrochen. Die absolute Hoffnungslosigkeit der suizidalen Depression ist ansteckend, sie macht diejenigen, die helfen möchten, selber hilflos. Zum Zeitpunkt des Selbstmordes ähneln die Opfer vielleicht nur noch entfernt den Kindern oder Ehegatten, die man einst so geliebt und in deren Gesellschaft man sich so wohlgefühlt hat. Es ist erschütternd, aber nicht überraschend, wenn jeder zehnte Angehörige zugibt, Erleichterung zu verspüren, dass der Selbstmord dem Leiden aller Betroffenen ein Ende gesetzt hat (Jamison 1999, 286).

Dies schließt selbstverständlich nicht aus, dass zugleich „positive" Trauergefühle wie Sehnsucht und Trennungsschmerz dem Suizidenten gegenüber bestehen. Dennoch nehmen die Betreffenden das Gefühl der Erleichterung häufig als schuldhaft wahr.

h. Psychische Störungen

Der Tod eines nahestehenden Menschen durch Suizid führt bei den Hinterbliebenen nicht selten zu langjährigen psychischen Belastungen, aus den sich psychische Störungen entwickeln können: Depressive Störungen (vgl. 3.2), Suchterkrankungen (vgl. 5.3.1.4.3), aber auch Posttraumatische Belastungsstörungen. Dabei handelt es sich um eine durch ein Trauma bedingte Störung mit einschießenden Nachhallerinnerungen (Flashbacks), Vermeidungsverhalten und innerer Unruhe (Hyperarousal) (vgl. 5.2.1). Häufig sind die Betroffenen zeitlebens psychosozial beeinträchtigt (vgl. Wagner 2019, 33 f.).

5.3.3 Hilfen bei Suizidalität und Suizid

5.3.3.1 Zum Umgang mit Suizidalität

Bei vielen Trauernden treten Suizidphantasien auf. Diese werden zwar nur selten in die Tat umgesetzt – sie sind nicht konkret und beinhalten keine handlungsweisenden Vorstellungen –, doch ist jeder geäußerte Gedanke an Suizid ernst zu nehmen, zumal eine normale Trauerreaktion in eine krankheitswertige Depression mit entsprechender Suizidalität übergehen kann (vgl. 3.2). Dass Suizidhandlungen in sehr vielen, vielleicht sogar in allen Fällen, direkt oder indirekt angekündigt werden, wurde bereits gesagt (vgl. 5.3.2). Die Auffassung, der Mensch, der suizidale Absichten äußert, würde diese nicht in die

Tat umsetzen, ist durch die klinische Erfahrung hinreichend widerlegt. Bereits bei der Schilderung des präsuizidalen Syndroms war darauf aufmerksam gemacht worden, dass Suizidhandlungen keineswegs abgewogene, sondern ambivalente Handlungen sind, bei denen der Wille zu leben und der Wille zu sterben im Widerstreit stehen (vgl. 5.3.1.4.1).

Das präsuizidale Syndrom selbst ist für das Erkennen von Suizidalität von besonderer Bedeutung: Weil bei fast „allen suizidgefährdeten Personen dieselben Anzeichen und Symptome vorkommen, ist *jedermann* aufgrund der Kenntnis des präsuizidalen Syndroms imstande, eine solche Gefährdung zu erkennen" (Holderegger 2002, 28; Hervorhebung T.S.). Ringel weist in diesem Zusammenhang eindringlich darauf hin, dass viele Suizide deshalb nicht verhindert werden, weil eine nur ungenügende Kenntnis über diese Thematik besteht, wobei dies häufig mit einer falschen Haltung diesem Problem gegenüber einhergeht (Tabuisierung, Gleichgültigkeit, moralische Verurteilung). Unter diesen Umständen müssen Suizidankündigungen ungehört verhallen: „Man nimmt sie nicht ernst, hält sie vielfach für ‚leere Drohungen', ja sogar für Erpressungen, auf die man unter keinen Umständen ‚hereinfallen' dürfe" (Ringel 1989, 71). Auf diese Weise wird nicht vernehmbar, dass eine solche Ankündigung einen Appell an die Mitmenschen im Sinne eines Schreis nach Hilfe bedeutet.

Allerdings werden Suizidphantasien nicht immer offen geäußert. Sie können sich auch hinter entwertenden und nihilistischen, d. h. das Nicht-mehr-dasein-Wollen ausdrückenden Aussagen verbergen:

- „Ich mache das nicht mehr mit."
- „Meine Lage wird sich nie verbessern."
- „Mein ganzes Leben ist sinnlos geworden."
- „Manchmal möchte ich nur noch schlafen und einfach Ruhe haben."
- „Ich möchte, dass das alles aufhört."

Eine antisuizidale Therapie vorzunehmen, kann selbstverständlich nur die Aufgabe des Fachmanns sein. Aufgabe des nichtprofessionellen Beraters ist es jedoch, die Angehörigen eines Trauernden, bei dem er eine Suizidalität vermutet, einzuschalten mit dem Ziel, dass der Betreffende einer Behandlung durch einen Spezialisten (Psychiater, Psychotherapeut) zugeführt wird. Dabei kann der Hausarzt eine wichtige Vermittlerrolle einnehmen. Ebenso kann auf örtliche Beratungsstellen und Krisendienste verwiesen werden.

5.3.3.2 Hilfen für die Hinterbliebenen

Wer den Hinterbliebenen von Suizidenten helfen möchte, muss sich der Schwere des Verlusterlebnisses bewusst sein: „Der Tod durch eigene Hand ist mit keinem anderen zu vergleichen, und die Hinterbliebenen, die mit ihm zurechtkommen müssen, werden mit einem Schmerz konfrontiert, der ebenfalls keinem Vergleich standhält" (Jamison 1999, 284).

Weiterhin gilt es zu bedenken, dass der Suizid eine Form des Verlustes ist, über die am liebsten geschwiegen wird (vgl. 5.3.2). Der Trauerberater hat von daher zunächst die Aufgabe, diesen tabubedingten Mangel an Kommunikation zu beheben. Erneut erweist sich das *Gespräch,* ob als Einzelgespräch oder in der Gruppe, als die zentrale Hilfsmöglichkeit bei der Trauerbewältigung. So zeigte eine Arbeit, in deren Hauptteil 50 Gesprächsprotokolle mit den nächsten Angehörigen von Suizidenten detailliert wiedergegeben werden (vgl. Aebischer-Crettol 2000), dass Probleme mit der Trauer, etwa in Form ihrer Chronifizierung über Jahre hinweg, vor allem dann aufgetreten sind, wenn Gesprächsmöglichkeiten gefehlt hatten, so dass Schuldgefühle, Wut und Trauerschmerz nicht zur Sprache kommen konnten. Dabei berichten Angehörige immer wieder, dass sie sich gerade in *Selbsthilfegruppen* verstanden fühlten. Es scheint so, dass die Schicksalsgemeinschaft von Betroffenen gut geeignet ist, die quälenden Gefühle nach einem Suizid zu bearbeiten (vgl. Holderegger 2002, 125; vgl. Jamison 1999, 299). Ebenso können Stigmatisierung und soziale Isolierung vermindert werden – auch wenn die Wirksamkeit von Selbsthilfegruppen für Angehörige nach einem Suizid durch Studien nicht eindeutig belegt zu sein scheint (vgl. Wagner 2019, 34 f.)

Als zentraler Ansatz zur Bearbeitung von Zorn und Aggression sowie von Grübeln und Schuldgefühl mit dem Ziel, eine positive Beziehung zum Verstorbenen zu ermöglichen, kann der ausführlich geschilderte Befund der Suizidforschung gelten, dass es sich bei *einer Suizidhandlung um den Ausdruck einer psychischen Erkrankung handelt* (vgl. 5.3.1.4.2–5.3.1.4.3). Dieser Befund und das, was er bedeutet, ist den Hinterbliebenen in jedem Fall deutlich zu machen im Sinne einer therapeutisch wirksamen Wissensvermittlung (vgl. Bronisch 2014, 108), wie sie die Klientenzentrierte Trauerberatung vorsieht (vgl. 4.1.2.2.2).

So empfiehlt der Psychiater Thomas Bronisch, den quälenden Gefühlen der Hinterbliebenen zu begegnen durch die „Aufklärung der Familie über die enge Beziehung von Suizid zu den großen psychischen Erkrankungen" (Bronisch 2014, 108). Diese zentrale Beziehung sei an dieser Stelle noch einmal zusammengefasst:

„Über 90% der Suizide erfolgen im Rahmen psychischer Erkrankungen, wobei an ca. 40-70% der Fälle Depressionen, bei ca. 20% Sucherkrankungen, bei ca. 10% Schizophrenien und bei je ca. 5% Persönlichkeitsstörungen und andere psychische Erkrankungen vorliegen" (Lieb & Frauenknecht 2019, 31)

Vor diesem Hintergrund kann der Trauernde zu einer kognitiven Neubewertung der Tat des Suizidenten gelangen, die es ihm ermöglicht, eine positive Veränderung seiner Gefühle zu erreichen. Konkret wird der Hinterbliebene durch den Hinweis auf den krankhaften Charakter einer Suizidhandlung zu folgenden emotional entlastenden Einsichten geführt:

- „Ich habe nicht moralisch versagt".

Da die meisten Menschen nur wenig über den Zusammenhang von Suizid und psychischen Störungen wissen, versuchen sie, die Tat zu verstehen, indem sie nach konkreten Auslösern Ausschau halten, die sie für die Ursache der Tat halten – nach zerbrochenen oder konflikthaften Beziehungen, finanziellen Schwierigkeiten, Arbeitsüberlastung oder auch nur nach einem in einem Streit gefallenen bösen Wort. Es gehört zur regelmäßigen Symptomatik bei Hinterbliebenen, sich zu fragen, ob eine andere Reaktion oder ein anderes Wort in den letzten Begegnungen den Suizid hätten verhindern können. Erst durch die Einsicht, dass ein Suizid in einer psychischen Erkrankung gründet, kann diese Fixierung aufgelöst werden, da auf diese Weise klar gemacht werden kann, dass Ursache und Auslöser des Suizids nicht dasselbe sind. Das bedeutet: Auslöser sind mehr oder weniger zufällig; die entscheidende Ursache ist dagegen eine psychische Erkrankung, die es dem Betreffenden unmöglich gemacht hat, bestimmte Ereignisse – die Auslöser – zu verarbeiten, die ein gesunder Mensch hätte bewältigen können. Psychische Erkrankungen aber sind von jeder Schuld unabhängig – sowohl was den Erkrankten, als auch, was die Angehörigen betrifft. So gesehen ist für Schuldgefühle kein Platz mehr. Darüber hinaus können diese bearbeitet werden mit der bereits beschriebenen Methode der Realitätsprüfung (vgl. 4.1.4.5): Diese wird in der Regel ergeben, dass sich die Hinterbliebenen sehr wohl für den Suizidenten eingesetzt haben, aber dass es letztlich unmöglich ist, einem Menschen vollständig die Möglichkeit zu entziehen, sich das Leben zu nehmen; weiterhin kann mittels einer Realitätsprüfung deutlich werden, dass bestimmte Verfehlungen oder Versäumnisse, abgesehen davon, dass man sich dabei ohnehin nur auf der Ebene der Auslöser, also nicht der Ursachen, bewegt, nicht über das hinausgehen, was in zwischenmenschlichen Beziehungen üblich und nicht vermeidbar ist.

Generell können auch positive menschliche Beziehungen angesichts einer schweren psychischen Erkrankung wenig bewirken. In diesem Sinn beschreibt Jamison ihren Zustand vor ihrem Suizidversuch wie folgt:

> Gleichgültig, wie viel Liebe mir von anderen entgegengebracht wurde – und ich hatte viel Liebe erfahren –, sie half mir nicht. Ich hatte den Vorteil, ... eine Familie zu haben, die sich um mich kümmerte, aber selbst das genügte nicht, um meinen Schmerz und meine Hoffnungslosigkeit zu überwinden; keine noch so leidenschaftliche und romantische Liebe war stark genug, um daran etwas zu ändern. Leben und Wärme konnten meine Panzerung nicht mehr durchdringen (Jamison 1999, 283).

- „Der Suizident war kein moralisch schlechter, d. h. egoistischer und rücksichtsloser Mensch, der mich quälen wollte bzw. für den ich mich schämen müsste".

Vielmehr ist ein Suizident stets ein kranker Mensch, der in seiner Verzweiflung zu keiner freien Entscheidung mehr fähig war und nicht mehr an seine Mitmenschen denken konnte. Zunächst fragt sich in der Tat, wie man, vom Standpunkt des Hinterbliebenen aus, einen Suizid anders als egoistisch und rücksichtslos auffassen kann. Dies ist nur dann möglich, wenn der Suizid als Entscheidung eines kranken Menschen angesehen wird, für den Rücksichtnahme auf andere keine Rolle spielen konnte, weil er allein von dem Wunsch getrieben war, einem unerträglichen Leidensdruck zu entrinnen. Manchmal glaubt der Suizident auch, dass er den Angehörigen als Toter weniger wehtun kann als ein Lebendiger. Mit dem eigenen Tod, so meint er, sind die anderen endlich dazu befreit, die Energie und die Zuwendung, die sie an ihm verschwendet haben, sinnvoll zu investieren (vgl. Jamison 1999, 283 f.).

Wenn Hinterbliebene sich diese Zusammenhänge bewusst machen, können sie einen Ansatzpunkt dafür finden, Zorn und Aggression gegen den durch Suizid Verstorbenen zu bearbeiten. Andernfalls, d. h. ohne zu akzeptieren, dass ein Suizid die Tat eines kranken Menschen ist, etwa wenn der Suizid als freie und selbstbestimmte Tat gepriesen wird, lassen sich diese kaum bewältigen. Das Gleiche gilt für die Schuldgefühle (vgl. oben). Insofern handelt es sich um einen denkbar positiven Ansatz in der Trauerbewältigung, wenn sich eine Frau, deren psychisch kranker Ehemann sich das Leben genommen hat, in einem Gespräch wie folgt äußert:

Ich dachte viel darüber nach, was für Gedanken er wohl gehabt hatte ... und irgendwie tat er mir leid. Er muss sich ja Gedanken gemacht haben, als er es tat ... Er muss ja an mich gedacht haben, an seine Kinder. Seine Kinder zu verlassen, darüber dachte ich am meisten nach. Ich werde nie verstehen, dass er imstande war, seine Kinder zu verlassen. Aber ich muss akzeptieren, dass er krank war und dass seine Tat eine Folge der Krankheit war. Ich glaube nicht, dass ein Suizidgefährdeter sentimentale Gedanken hat. Ich glaube nicht, dass er an die Kinder dachte, die er verließ, an mich und das Zuhause, das wir uns aufgebaut hatten ... Es geht nicht darum, andere zu verlassen, sondern darum, sich selbst zu verlassen. Und ich empfinde es sehr stark als eine egoistische Tat, davon komme ich wohl nie weg. Und deshalb muss ich mir immer wieder sagen, dass er krank war (Böhle 1996, 106).

5.4 Prüfungsfragen

1. Beschreiben Sie die Aspekte eines vollständigen Todesverständnisses!
2. Beschreiben Sie die Entwicklung des kindlichen Todesverständnisses bis 12 Jahre!
3. Nennen Sie sechs Symptome, die darauf hindeuten, dass trauernde Kinder eine Depression entwickelt haben!
4. Nennen und erläutern Sie für jede Traueraufgabe zwei Hilfestellungen für trauernde Kinder!
5. Nennen und erläutern Sie vier Gründe, warum der Tod eines Kindes als besonders tragisches Ereignis erlebt wird!
6. Nennen und erläutern Sie die Strukturmerkmale der Selbsthilfegruppen für verwaiste Eltern!
7. Von wem stammt der Ausdruck „präsuizidales Syndrom"? Was ist damit gemeint? Nennen und erläutern Sie die drei Elemente dieses Syndroms!
8. Beschreiben Sie sechs Aspekte der Trauerreaktion der Hinterbliebenen nach einem Suizid! Welche Hilfen für die Hinterbliebenen stehen zur Verfügung?

6. Der Trauerbegleiter im Brennpunkt: Zur Bewältigung von Stress und Belastung

Die ständige Konfrontation mit Tod und Trauer, der alle Personengruppen ausgesetzt sind, die beruflich mit Sterbenden, Toten und Hinterbliebenen zu tun haben, bedeutet eine schwere psychische Belastung. Diese kann als derart übermächtig erlebt werden, dass die seelische Gesundheit der Betreffenden Schaden nimmt, indem sie ein typisches Symptommuster des Ausgebranntseins, das sogenannte Burnout-Syndrom entwickeln.

Zu den gefährdeten Berufsgruppen zählen im Einzelnen die Gesundheitsberufe (Ärzte, Pflegeberufe), Sterbe- und Trauerbegleiter und nicht zuletzt *Bestatter:* Bei allen ihren beruflichen Verrichtungen (u.a. Abholung der Toten, Einsargen, Thanatopraxie, Beratungs- und Trauergespräch) sind diese erheblichen psychischen Belastungen ausgesetzt. Die Betreffenden können einer negativen Entwicklung jedoch vorbeugen, wenn sie sich vor Augen führen, wie Stress und Burnout entstehen und wie diese bewältigt bzw. diesen vorgebeugt werden kann. Die folgenden Ausführungen wollen dazu einige Hinweise geben.

6.1 Stress und Burnout-Syndrom: Wesen, Entstehung, Folgen

6.1.1 Was ist Stress?

Unter Stress versteht man eine Reaktion des Organismus auf eine Anforderung, die sein Gleichgewicht stören und seine Fähigkeiten zur Bewältigung strapazieren oder sogar überschreiten (vgl. 1.2). Es entsteht ein körperlich-physiologischer Aktivierungs- und Erregungszustand, der sich messbar im Bereich der Pulsfrequenz, des Blutdrucks und der Ausschüttung aktivierender Hormone (Adrenalin/Noradrenalin) niederschlägt. Verantwortlich dafür ist das sympathische Nervensystem, das für die Steigerung der körperlichen Leistung zuständig ist, während das parasympathische Nervensystem, das für Ruhe und Erholung sorgt, gedrosselt wird.

Diese angeborenen Reaktionen sind ein Erbe aus der Frühzeit der Menschheitsentwicklung und lassen sich auf das Grundmuster „Achtung Gefahr" zurückführen. Das bedeutet: Die schnelle Alarmierung der Körpervorgänge bei Bedrohung und Beeinträchtigung ist ursprünglich ein natürlicher und sinnvoller biologischer Vorgang: Sahen sich unsere Vorfahren durch wilde Tiere oder menschliche Gegner bedroht, so wurden sie durch die Alarmierung ihres Organismus leitungsfähiger für Kampf oder Flucht. Sie konnten auf diese Weise gegenüber Feinden sofort große Kräfte entwickeln, um sich zu wehren oder rasch zu fliehen. Daher nennt man diese Alarmierung der Körpervorgänge auch Kampf- oder Fluchtreaktion (vgl. Tausch 2006, 52). Die Problematik dieser Prozesse besteht darin, dass wir diese Alarmierung heute nicht mehr benötigen; sie erscheint oft sogar unsinnig, wenn wir an Stress auslösende Ereignisse wie zwischenmenschliche Konflikte oder berufliche Belastungen denken; eher brauchen wir Ruhe und entspannte Konzentration für ein sinnvolles Reagieren in schwierigen Situationen.

Wenn man Menschen fragt, was sie bei Stress erleben, dann nennen sie meist Anspannung, Erregung, Ärger oder Ängste sowie Schweißausbruch, Herzklopfen oder zitternde Hände; die Gedanken werden häufig als „rasend" geschrieben in Verbindung mit negativen, abwertenden Urteilen über andere Menschen oder die eigene Person. Die Antworten lassen sich in der folgenden Weise systematisch ordnen (aus Tausch 2006, 16 f.):

a. Gefühle

Erregung – Spannung – Ungeduld – Angst – Ärger – Wut – Reizbarkeit – Zorn – Überlastung – Enttäuschung – Verzweiflung – Bitterkeit – Unsicherheit – Resignation – Traurigkeit – Kraftlosigkeit.

b. Körperempfindungen

Herzklopfen – schnellerer Puls – schnelleres, flacheres Atmen – Zittern der Hände – Schweißausbruch – Verspannung – Steifheit mit leichten Schmerzen, insbesondere im Rücken-Hals-Schultergebiet – unangenehme Empfindungen im Magen-Darm-Bereich – Kopfschmerzen.

Nach einigen Stunden: Erschöpfung, Müdigkeit, Schlafschwierigkeiten.

c. Gedanken

Schnelle, <rasende>, immer wiederkehrende Gedanken über die Beeinträchtigung-Gefährdung – <Werde ich es schaffen?> – <Ich schaffe es nicht!> – <Es ist zu schwer!> – <Ich werde es ihnen zeigen!> – <Was soll ich tun?> – <Ich kann das nicht leisten!> – <Ich mag diesen Menschen nicht!> – <Wie gemein von den anderen!> – <Ich bin wehrlos!> – <Ich will das nicht!> – <Ich bin ver-

loren, ich bin verlassen!> – <Es wird schlimm ausgehen!> – <Warum muss denn das sein?> – <Ich bin ein Versager!> – <Ich habe keine Hilfe!>

d. Verhaltensweisen

Eher hastig – <kopflos> – planlos – unüberlegt – Neigung zu Radikalität, Aggressivität, Gewalt oder zu Resignation, Unentschiedenheit, Rückzug-Flucht – emotionales Klagen – Selbstmitleid – Vorwürfe – Beschuldigungen – unkontrollierte Nahrungsaufnahme – Rauchen – Alkoholkonsum.

Damit erweist sich Stress als ein unangenehmer und belastender Zustand, der den ganzen Menschen in seinem körperlichen und seelischen Befinden erfasst, d. h.: die körperlichen Veränderungen haben auch negative seelische Folgen. Wird Stress chronisch, können körperliche (z. B. Herz-Kreislauferkrankungen, Rheuma) wie auch seelische Erkrankungen (Angststörungen, Depressionen) entstehen (vgl. Tausch 2006, 57 ff.). Welche Faktoren als Stressor, d. h. als Auslöser von Stress gelten, und welche negativen Wirkungen sie auslösen können, zeigt das folgende Schaubild, das zwischen Alltags-Stress, d. h.: den unangenehmen Situationen des Alltags und schwerem Lebens-Stress, der durch gravierende Belastungen bedingt ist, unterscheidet (aus Tausch 2006, 18):

Alltags-Stress		**Belastende Gefühle**		**Schwerer Lebens-Stress**
Überforderungen		Seelische Spannung		Tod von Angehörigen
Verluste		Erregung		Trennung vom Partner,
Niederlagen		Angst, Furcht, Ärger		eigene schwere
Quälende Ereignisse	⇨	Wut, Unsicherheit	⇦	chronische Erkrankung
Eile-Hetze		Verzweiflung		oder von Angehörigen,
Unangenehme Überraschungen		Traurigkeit		schwere Einsamkeit,
Meinungsverschiedenheiten		Kraftlosigkeit		Arbeitslosigkeit u. a.
Erwartung schwieriger Situationen		Resignation		

Beruflicher Stress und berufliche Belastungen können zum so genannten *Burnout-Syndrom* führen.

6.1.2 Das Burnout-Syndrom als Stressfolge

Grundsätzlich versteht man unter Burnout einen Zustand seelischer Erschöpfung, der dadurch entstanden ist, dass sich im Beruf nachhaltig negative Gefühle entwickelt haben – in Bezug auf die eigene Situation, das Selbstbild sowie die Zukunft. Im Zusammenhang mit Helferberufen meint Burnout das negative Resultat des permanenten und intensiven Einsatzes für andere Menschen:

Der Helfer erkennt, dass er für die ihm anvertrauten Menschen nichts mehr tun kann, weil er mit seiner Kraft am Ende ist und sich völlig verausgabt hat.

Das Burnout-Syndrom lässt sich als eine stufenweise Abwärtsentwicklung beschreiben. Für jede Phase sind charakteristische Symptome kennzeichnend (vgl. Burisch 1994):

a. Warnsignale

Die erste Phase des Burnout ist geprägt von großem Engagement, Einsatzwillen und hohen berufsethischen Ansprüchen (Helfenwollen). Häufig leisten die Betroffenen unbezahlte Mehrarbeit oder bieten an, bei personellen Engpässen einzuspringen. Diesem „Workaholic"-Stadium begegnet man häufig bei Berufsanfängern, Quereinsteigern und Personen nach einem Arbeitsplatzwechsel.

b. Reduziertes Engagement

Dem anfänglichem „Brennen" folgt eine harte Landung auf dem Boden der Realität des Machbaren, wenn das Helfenwollen nicht die ersehnte positive Resonanz erbringt; in dieser Phase der Frustration wird der Beruf zunehmend negativ gesehen, so dass der Betreffende zum „Dienst nach Vorschrift" übergeht. Es kommt zu einem Verlust positiver Gefühle den Menschen gegenüber, denen man erst unbedingt helfen wollte sowie zu einem Verlust von Einfühlung und Verständnis diesen gegenüber. Der Wunsch sich stärker abzugrenzen entsteht („Ich bin nicht der Mülleimer für andere!"). Fehlzeiten und Widerwillen gegen den täglichen Gang zur Arbeit stellen sich ein sowie daraus resultierende Schuldgefühle.

c. Emotionale Reaktionen

Nachdem sich der Betreffende bereits von seinen hohen beruflichen Idealen verabschiedet hatte, geht die Phase des reduzierten Engagements in die Erkenntnis über, dass er bei der Berufswahl einer Illusion aufgesessen ist. Die Stimmung wird zunehmend negativ: Es dominieren, je nach Persönlichkeitsstruktur, aggressive und/oder depressive bzw. ängstliche Gefühlslagen. Spätestens ab dieser Phase wird deutlich, dass der Burnout-Prozess im Grunde einer depressiven Entwicklung entspricht, die professionelle Hilfe erfordert.

d. Abbau

In dieser Phase, in der der Betreffende den Arbeitstag nur irgendwie hinter sich bringen möchte, stehen Desinteresse und Leistungsabfall im Mittelpunkt.

Es herrschen einerseits Lustlosigkeit, andererseits finden sich Einbrüche in Bezug auf Konzentration und Gedächtnis und damit deutliche Symptome einer Depression (Anhedonie = Lustlosigkeit bzw. kognitive Beeinträchtigungen).

e. Verflachung

Nachdem die positiven Gefühle verloren gegangen und durch negative Gefühle ersetzt worden sind (Aggression – Depression – Angst), werden diese, da sie als quälend erlebt werden, gleichsam „auf Eis gelegt". Das Gefühlsleben wird heruntergefahren, die Gefühle werden verdrängt. Es kommt zu einer emotionalen Verarmung mit Gleichgültigkeit, reduzierter Anteilnahme und Ignorieren von Hilfsbedürftigkeit. Gesprächen über den Beruf geht der Betreffende aus dem Weg. Innere Leere und Hoffnungslosigkeit machen sich breit. Letztlich hat sich eine schwere Depression im Sinne eines Herabgestimmtseins entwickelt: Nicht traurige Gefühle stehen im Vordergrund, sondern die Unfähigkeit zu fühlen. Gleichwohl können die verdrängten Gefühle unter entsprechenden Auslösebedingungen immer wieder hervorbrechen, nicht zuletzt in Form von sehr heftigen Gefühlsreaktionen.

f. Psychosomatische Reaktionen

Die seelische Überforderung ruft nun eine Vielzahl körperlicher Symptome hervor wie Schlafstörungen, Herzrhythmusstörungen, Bluthochdruck, Muskelverspannungen, Kopfschmerzen, aber auch Hauterkrankungen (Neurodermitis) und Magen-Darm-Beschwerden. Diese können als körperliche Symptome einer Depression verstanden werden.

g. Verzweiflung

Wenn der Betreffende bis dahin keine Hilfe angeboten bekommen bzw. angenommen hat, stellen sich völlige Verzweiflung und Hoffnungslosigkeit ein: Das Leben wird als unerträglich und sinnlos erfahren, so dass sich Suizidalität einstellen kann. An diesem Punkt ist professionelle Hilfe (über)lebenswichtig.

Für das Burnout-Syndrom als Stressfolge ist der *Bestatter* aus folgenden Gründen besonders anfällig:

- Der Bestatter ist dem Tod als Grenzsituation auf vielfältige Weise ausgesetzt:
  - im Umgang mit entstellten und unangenehm riechenden Toten
  - im Kontakt mit den trauernden Hinterbliebenen.

Durch diese unablässige Konzentration auf die Endlichkeit als auf einen belastenden Negativaspekt des menschlichen Lebens können Ängste vor dem Verlust nahe stehender Menschen sowie vor dem eigenen Tod aktiviert werden; werden diese nicht zugelassen und bewältigt, sondern verdrängt, können sie eine Burnout-Entwicklung begünstigen (vgl. die Phase der „Verflachung").

- Der Bestatter leistet „Gefühlsarbeit", indem er sich der Trauer der Hinterbliebenen aussetzt bzw. diese u. U. in einem Trauergespräch zu bewältigen versucht. Dies bedeutet eine potenziell belastende Konfrontation mit eigenen Trauer- und Verlusterfahrungen und erfordert eine Gratwanderung zwischen Nähe und Distanz, die nicht immer gelingt. Häufig fällt die innere Abgrenzung schwer, so dass man gefühlsmäßig nahe gehende Fälle „mit nach Hause nimmt" und dies als bedrückend erlebt (vgl. die Phase „emotionale Reaktionen").
- Der Bestatter tut sich schwer damit, für sich Erfolgserlebnisse zu verbuchen. Beim Umgang mit Trauernden ist er mit Menschen konfrontiert, die sich rat- und hilflos fühlen; diese Gemütslage kann auf den Bestatter – wie auf jeden Trauerbegleiter – übergehen, da er den letztlich einzigen Wunsch des Hinterbliebenen, den Toten wieder lebendig zu machen, natürlich nicht erfüllen kann. Von daher kann der Bestatter auch kaum mit Dankbarkeit rechnen; viel eher wird er zum Objekt trauerspezifischer Aggression. Gelingt es dem Bestatter nicht, seine Aufgabe dennoch als sinnvoll zu erleben und diese Aggressivität nicht persönlich zu nehmen, kann dies in die depressive Bedrückung des Burnout führen (vgl. die Phase „emotionale Reaktionen").

6.1.3 Burnout als Folge negativer Gedanken und Bewertungen

Sollen Stress – und als dessen negative Folge – Burnout verhindert werden, muss die Frage geklärt werden, wie es überhaupt dazu kommt, dass Stress im Sinne eines belastenden körperlichen und seelischen Zustands erlebt wird.

Der Laie ist gewöhnlich der Meinung, dass Gefühle wie Spannung, Ärger, Wut, aber auch Angst, Enttäuschung und Verzweiflung ausschließlich durch äußere Situationen, Ereignisse oder andere Menschen verursacht sind. Von daher heißt es oft: „Du hast mich genervt/geärgert", „Das hat mir Angst gemacht/mich enttäuscht/in die Verzweiflung getrieben", oder: „Ich habe einen furchtbaren Beruf, mit dem kann man ja nur unglücklich sein".

Die Auffassung, allein andere Personen oder Situationen erzeugen in uns negative Gefühle, trifft jedoch nur bedingt zu. Dies verdeutlichen bereits einfache Alltagserfahrungen. Zwei Menschen in der gleichen Situation haben oft sehr unterschiedliche Gefühle. Reinhard Tausch schreibt dazu:

> Wenn wir einen Zug oder Autobus verpassen, wenn Lehrerinnen oder Eltern mit lebhaften Kindern zusammen sind, wenn wir im Verkehrsstau stecken bleiben: Auf derartige Situationen reagieren Menschen mit sehr unterschiedlichen Gefühlen: manche mit größerem Stress, Spannung und Ärger; andere gelassen und kaum erregt. Auch bei stärkeren Beeinträchtigungen finden wir dies: Bei schwerer Krankheit und Sterben haben Menschen sehr unterschiedliche Gefühle (Tausch 2006, 35).

Selbstverständlich ist auch die Situation an sich bedeutsam: Wenn man Tod und Sterben ausgesetzt ist, hat man es fraglos mit einer objektiv belastenden Situation zu tun; ob man einer solchen Situation jedoch mit totaler Verzweiflung oder mit Hoffnung entgegentritt, ob man im Tod einen Sinn sieht oder nicht, hängt sehr wohl vom Einzelnen ab. Das bedeutet konkret, dass ein *Stress-Ereignis zu einem erheblichen Teil durch individuelle Gedanken und Bewertungen entsteht.* Von daher lässt sich folgende Definition von Stress geben: Stress ist „die seelische (gefühlsmäßige) und körperliche Reaktion auf Ereignisse in der Umwelt und in uns selbst, die wir als bedrohlich, unser Wohlbefinden einschränkend bewerten – einschätzen" (Tausch 2006, 32).

Diese Bewertung bzw. Einschätzung, ob etwas für das eigene Wohlbefinden bedrohlich, neutral oder positiv ist, nehmen wir ständig vor: gegenüber jeder Person, jedem Ereignis, jedem Gegenstand, allen Erfahrungen und auch gegenüber uns selbst, und zwar abhängig davon, wie wir unsere eigene Problemlösungskompetenz einschätzen. Dementsprechend lässt sich chronischer Stress mit der Gefahr von Burnout verstehen als Erregungszustand, der andauert, während die Anforderungen von der Person als größer als die verfügbaren inneren und äußeren Ressourcen zur Bewältigung wahrgenommen werden (vgl. Zimbardo & Gerrig 2008, 469). Das folgende Schaubild vermag diese Zusammenhänge zu verdeutlichen (aus Tausch 2006, 37):

Belastende Gefühle
z. B.: Spannung, Ärger, Erregung, Angst

⇧

Personen, Ereignisse und Situationen in der *Umwelt*	⇔	***Bewertungen, Gedanken, Wahrnehmungen*** Einschätzungen, Auffassungen, Überzeugungen, Vorstellungen, Erinnerungen mit dem Inhalt bedrohlich, einschränkend, schädigend, ungewiss, Erwartung schlechten Ausgangs	⇔	Ereignisse und Vorgänge *in uns selbst*

Diese Sichtweise entspricht dem *kognitiven Ansatz* in der Psychologie und Psychotherapie, der davon ausgeht, dass menschliches Verhalten und Erleben ganz entscheidend dadurch bestimmt ist, wie der Betreffende seine Situation einschätzt bzw. bewertet und über bedeutende Lebenserfahrungen denkt (vgl. Zimbardo & Gerrig 2008, 613 ff.). An sich ist die Tatsache, dass Gefühle durch Gedanken und Bewertungen hervorgerufen werden, schon seit langem bekannt. Vor fast 2000 Jahren drückte das der Philosoph Epiktet wie folgt aus: „Nicht die Dinge selbst beunruhigen die Menschen, sondern Vorstellungen von den Dingen". Der römische Philosoph und Kaiser Marc Aurel (121–180) schrieb in demselben Sinn: „Die Dinge selber berühren in keiner Weise die Seele, noch können sie sie verändern oder bewegen. Nur die Werturteile, die die Seele fällt, stempeln das Wesen der Dinge, die von außen an sie herantreten".

Diese allzu „rationale" Sicht muss allerdings dadurch ergänzt werden, dass negative Gedanken, die zu Burnout führen können, auch *unbewusst* sein können im Sinne von negativen bzw. pathogenen, d. h. krank machenden inneren Überzeugungen oder Introjekten (vgl. Wöller & Kruse 2010, 154 ff.). Diese wurden den Betreffenden in Kindheit und Jugend direkt oder indirekt vermittelt, von diesen verinnerlicht und entfalten im Erwachsenenalter ihre gleichermaßen unbewusste wie schädliche Wirkung. So entsteht in einem Menschen, dem vermittelt wurde, dass man nur etwas wert ist, wenn man Leistung bringt, die negative innere Überzeugung: „Wenn ich nichts leiste, bin ich nichts wert. Ich muss deshalb immer Leitung bringen". Oder: Wenn einem Kind vermittelt wurde, dass eigene Wünsche und Bedürfnisse schlecht sind, könnte sich das folgende negative Introjekt bilden: „Ich muss mich immer für andere aufopfern. Meine eigenen Bedürfnisse dürfen dabei keine Rolle spielen". Es gibt deutliche Hinweise, dass es derartige unbewusste „Implantate" schwer machen, sich gerade in helfenden Berufen abzugrenzen und auf die eigenen Belastungsgrenzen zu achten, so dass diese pathogenen Überzeugungen einen wichtigen psychologischen Hintergrund für Burnout-Entwicklungen bedeuten. Zugleich kann vor diesem Hintergrund so manche Wahl eines helfenden Berufes verständlich werden (vgl. Schmidbauer 2002).

6.2 Maßnahmen gegen Stress und Burnout

Mit der Einsicht, dass negative Gefühle in Bezug auf bestimmte Situationen oder Erfahrungen in einem erheblichen Maß durch negative Gedanken und Bewertungen bedingt sind, ist für die Vorbeugung gegen Stress und Burnout etwas Entscheidendes gewonnen. Diese Erkenntnis bedeutet nämlich konkret: Ändern sich unsere negativen Bewertungen, Gedanken und Einschätzungen zu einem Ereignis, zu einer Person oder einer Situation, dann ändern sich auch dementsprechend die negativen Gefühle bzw. Verhaltensweisen.

In diesem Zusammenhang ist der Begriff der Resilienz (lateinisch: resilire, zurückspringen, abprallen) von besonderer Bedeutung, insofern er die psychologische Eigenschaft beschreibt, die es ermöglicht, Stress und Burnout vorzubeugen. Die immer bedeutsamer werdende Resilienzforschung ist insbesondere durch die Tatsache angeregt worden, dass es immer wieder Menschen gibt und gegeben hat, die angesichts von Krisen und Schicksalsschlägen keinen oder kaum psychischen Schaden nehmen, weil sie offenbar auf persönliche Ressourcen (Kraftquellen) bzw. Schutzfunktionen zurückgreifen konnten. Diese waren offenbar in der Lage, die Belastungen (= die Risikofaktoren) auszugleichen.

Resilienz meint psychische Widerstandsfähigkeit bzw. psychische Stabilität im Sinne der Fähigkeit, angesichts belastender Lebensumstände Bewältigungsfähigkeiten zu entwickeln und einzusetzen, die verhindern, dass der Betreffende durch diese Belastungen psychisch geschädigt wird (vgl. Benecke 2014, 225 ff.; Lang 2019; Martens & Begus 2018). Wenn – wie gezeigt – belastende Lebensumstände ganz entscheidend dadurch bewältigt werden, dass es gelingt, diesen mit hilfreichen Bewertungen zu begegnen, bedeutet Resilienz nicht zuletzt die Fähigkeit, solche Bewertungen vorzunehmen.

Im Folgenden sollen daher einige Maßnahmen vorgestellt werden, mit denen es möglich ist, solche positiven Bewertungen und damit Resilienz zu fördern. Dabei beschränke ich mich auf diejenigen Möglichkeiten, die gerade angesichts einer beruflich belastenden Situation wie der des Bestatters und ihrer

Konfrontation mit Tod und Trauer hilfreich sein können. Zu einer vertiefenden Lektüre sei das Buch von Reinhard Tausch „Hilfen bei Stress und Belastung" (2006) empfohlen.

6.2.1 Hilfreiche Gespräche

Gespräche sind nicht nur für den Trauernden eine Hilfe – dies dürfte zur Genüge deutlich geworden sein (vgl. 4.1), – sondern auch für denjenigen, der von Berufs wegen mit Tod und Trauer konfrontiert ist. Dabei gelten die gleichen Kriterien für ein hilfreiches Gespräch wie für die Trauernden selbst (Echtheit, Wertschätzung und Empathie). Solche Gespräche wirken sich wie folgt aus:

- Der Betreffende fühlt sich trotz seiner Schwierigkeiten respektiert sowie in seinem problematischen Erleben verstanden. Dabei handelt es sich um wichtige emotionale Erfahrungen: Sie stehen im Gegensatz zu Angst, Hoffnungslosigkeit und dem Erleben von Überlastung. Sie bewirken eine körperlich-seelische Entspannung, die negative Gedanken und Gefühle vermindert (vgl. 6.2.2).
- Indem der Gesprächspartner das Gesagte auf anteilnehmende Weise wiedergibt (vgl. 4.1.2.2.1), gelingt eine Distanzierung davon; das belastende Erleben kann dadurch in einer neuen, weniger negativen Bedeutung erscheinen. Eine Frau drückt diesen positiven Effekt wie folgt aus:

Ich finde es sehr wichtig, ... dass ich über meine Schwierigkeiten rede. Denn in schwierigen Situationen bin ich immer wie gelähmt ... Dann vergrabe ich mich so richtig in mir selbst. Aber wenn ich darüber sprechen kann, dann sehe ich klarer ... Erst wenn ich Gefühle ausgesprochen habe, bin ich in der Lage, mich mit ihnen auseinanderzusetzen. Vorher bin ich ganz von diesen Gefühlen bestimmt, sie verhindern ein Weiterdenken (Tausch 2006, 148).

Bereits Sigmund Freud entdeckte und erforschte, dass es für seine Patientinnen und Patienten hilfreich war, wenn sie sich über ihre belastenden Erlebnisse aussprechen konnten. „Eine Voraussetzung für diese Methode, die Resilienz zu steigern, ist, dass die Betroffenen die Offenheit besitzen, die Empfindungen zu reflektieren, und dass sie bereit sind, darüber zu sprechen" (Martens & Begus 2018, 110)

- Was die in 6.1.3 genannten unbewussten negativen Überzeugungen anbelangt, ist zu deren Bearbeitung häufig eine tiefenpsychologische Psychotherapie erforderlich.

6.2.2 Entspannungsverfahren

Wir haben Stress beschrieben als Zustand der Aktivierung des sympathischen Nervensystems, der wiederum negative Gedanken, Gefühle und Körperempfindungen hervorruft (vgl. 6.1.1). Bei diesem Zusammenhang setzt die positive Wirkung von *Entspannungsverfahren* (Atem- oder Muskelentspannung, Yoga-Übungen und Meditation) an: Tausch beschreibt deren positive Wirkung wie folgt:

> Durch eine Entspannung unserer Muskeln oder Normalisierung der Atmung ... können wir das sympathische Nervensystem mit den aktivierten Körpervorgängen (z. B. hormonales Ungleichgewicht, Steigerung von Puls, Blutdruck und Muskelspannung) wieder normalisieren. Dadurch treten zugleich in unserem Bewusstsein mehr Ruhe und Ordnung ein, negative Gedanken vermindern sich, so dass positive Gedanken und Vorstellungen mehr Zutritt zum Bewusstsein haben (Tausch 2006, 150).

Dementsprechend ist es im körperlich entspannten Zustand kaum möglich, wütende, ärgerliche oder ängstliche Gedanken zu haben und sich belastet zu fühlen. Auf diesem Hintergrund haben sich Entspannungsverfahren und Meditation zu wichtigen Behandlungsverfahren entwickelt. Es gilt als wissenschaftlich erwiesen: „Entspannung und Meditation können vor psychischen Erkrankungen schützen" (Lang 2019, 136).

6.2.3 Spirituell-religiöse Überzeugungen

Es findet sich eine Vielzahl psychologischer Untersuchungen, die ergeben haben, dass religiöse Menschen bei schweren Belastungen weniger Angst, mehr Trost und Hoffnung sowie größeren innerem Halt erleben als nicht religiöse Menschen; sie können im Leid einen Sinn sehen oder zumindest darauf vertrauen, dass ein Sinn dahinter steht, auch wenn sie ihn nicht erkennen können (vgl. Lang 2019, 82 ff.; Martens & Begus 2018, 133 ff.; Tausch 2006, 205 ff.). Dass sich das auch und gerade in der Situation der Trauer so verhält, wurde bereits gesagt (vgl. 1.5; 2.2.3; 5.1.3.4). Aber auch für diejenigen, die anderen in ihrem Leid und in ihrer Konfrontation mit dem Tod helfen und dabei selbst mit dem Tod konfrontiert sind, bietet Religion eine Sinndeutung an, die für das seelische Wohlbefinden der Betreffenden sehr hilfreich ist:

> Durch spirituell-religiöse Auffassungen erhalten Menschen seelische Kraft und die Fähigkeit, anderen im schweren Leid zu helfen, ohne niedergedrückt zu werden. Christliche Schwestern etwa in Indien könnten

> ihren Dienst, Leprakranken oder Sterbenden in Elendsvierteln zu helfen, kaum ohne einen tiefen religiösen Glauben ausführen. Schwerem Leid zu begegnen und Kraft zum Helfen zu haben, ist wahrscheinlich nur mit deutlichen religiösen, spirituellen und philosophischen Auffassungen möglich (Tausch 2006, 208).

Psychologisch gesehen nehmen solche Überzeugungen eine *kognitive Umdeutung* des Erlebens vor: Der sterbende Leprakranke ist eben kein ekelhaftes Subjekt, dessen Leben ohnehin bald zu Ende ist, sondern – in der Sicht der Religion – ein von Gott geliebtes Wesen, das zum ewigen Leben berufen ist. Aus einer ähnlichen Perspektive könnte sich auch eine positive Sicht des Bestatters vom toten Körper ergeben, der unter dieser Voraussetzung nicht mehr ein stinkender Leichnam ist, dessen Anblick ihn belastet und bedrückt, sondern auf ein von Gott geliebtes Wesen verweist, das am Beginn eines neuen, ewigen Lebens steht.

So gesehen hat auch der tote Körper seine Würde, denn er bewahrt noch eine Weile die menschliche Gestalt und zeigt etwas von der Person, zu der dieser Körper gehört hat und von der der religiöse Mensch glauben kann, dass diese Person für immer Bestand hat. Vor diesem Hintergrund kann sich der Bestatter vor Augen führen, dass ein bestimmter Leichnam der Leib einer Mutter oder eines Vaters ist, dem Angehörige ihr Leben verdanken und der Wärme und Fürsorge geschenkt hat; oder der Leib eines Freundes, dessen Nähe Beziehung und Liebe vermittelt hatte; oder der Leib eines engagierten Menschen, der sein ganzes Leben harte körperliche oder geistige Arbeit verrichtet hat (vgl. Die deutschen Bischöfe 2000, 39 f.).

Mit dieser Perspektive wird es dem Bestatter möglich, die Grenzsituation des Todes auch als etwas Förderliches zu sehen, da sie die Chance zu einer Besinnung bietet, die Maßstäbe zurechtrückt, Oberflächlichkeiten abträgt und dadurch religiöse Erfahrung ermöglicht.

Zusammenfassend lässt sich sagen: „Religion ist einer der stärksten Schutzfaktoren, um psychische Stabilität zu erreichen" (Lang 2019, 16; vgl. 85).

6.2.4 Ethische Überzeugungen

In einer psychologischen Untersuchung nannten Menschen mit großer Lebenszufriedenheit doppelt so häufig den ethischen Wert „Für andere etwas tun" und siebenmal so häufig den Wert „Einfühlung in andere", verglichen mit Menschen mit niedriger Lebenszufriedenheit (vgl. Tausch 2006, 217). Dies zeigt, dass die Voraussetzungen für Berufsgruppen, die mit Tod und Sterben konfrontiert sind, was die Möglichkeit anbelangt, Berufszufriedenheit zu erlangen, durchaus positiv sind. Dies gilt auch und gerade für den Bestatter, und zwar insbesondere dann, wenn er nicht allein den Blick auf seine beruflichen Belastungen richtet, sondern sich zugleich das *Ethos eines helfenden Berufes schafft:* Der Bestatter erweist dem Toten einen letzten Dienst und leistet für die Hinterbliebenen Hilfe in ihrem Schmerz, insbesondere wenn sich ein Bestatter ausdrücklich in der Trauerbegleitung engagiert. Sich dies bewusst zu machen, ist für das seelische Wohlbefinden von großer Bedeutung, denn eine so gesehene Tätigkeit führt zu der unmittelbaren Erfahrung: „Ich werde gebraucht", „ich bin wichtig und hilfreich für andere", „ich vermindere menschliches Leid". Diese Erfahrungen fördern das Selbstwertgefühl sowie die Überzeugung der Selbstwirksamkeit. Es gibt sogar Hinweise, dass Menschen durch soziales Engagement seelisch belastbarer werden. In einer Untersuchung wurde „für andere Menschen etwas tun" von über 50 % der Befragten als ihrem Leben Sinn gebend bezeichnet. Aus psychologischer Sicht sind Sinnerfahrungen wichtig für die körperliche und seelische Gesundheit; empfundene Sinnlosigkeit wird dagegen als das Wohlbefinden beeinträchtigend erlebt.

Der Verlust des Lebenssinns kann zu Angsterkrankungen, Depressionen, Abhängigkeitserkrankungen, Suizidalität und Traumafolgestörungen führen; demgegenüber gilt:„Das Gefühl, dass das Leben eine Rolle spielt, stabilisiert die psychische Gesundheit" (Lang, 2019, 244). Dementsprechend sieht es die Richtung der existentiellen Psychotherapie (vgl. Vogel 2020) als zentrale Aufgabe an, den Menschen bei der Suche nach dem Sinn zu helfen.

Albert Schweitzer (1875–1965), der große Humanist, hat die Einsicht in den tiefen Sinn helfenden Tuns wie folgt ausgedrückt:

> Das Mitleiden und Mithelfen … gibt deinem Leben den einzigen Sinn, den es haben kann und macht es wertvoll … Das wenige, das du tun kannst, ist viel - wenn du nur irgendwo Schmerz und Weh und Angst von einem Wesen nimmst, sei es ein Mensch, sei es irgendeine Kreatur (Schweitzer 1988, 36).

6.3 Prüfungsfragen

1. Definieren Sie die Begriffe „Stress" und „Resilienz"!
2. Beschreiben Sie das Burnout-Syndrom!
3. Inwiefern ist Stress die Folge negativer Gedanken und Bewertungen?
4. Nennen und erläutern Sie vier Maßnahmen gegen Stress und Burnout, die auch für den Bestatter hilfreich sein können!

7. Verwendete und empfohlene Literatur

Aebischer-Crettol, Eberhard: Seelsorge und Suizid, Bern 2000.

Arbeitsgemeinschaft Friedhof und Denkmal (Hrsg.): Raum für Trauer. Erkenntnisse und Herausforderungen, Kassel 2019.

Auchter, Thomas: Trauer, Gießen, 2019.

Backhaus, Ulrike: Personzentrierte Beratung und Therapie bei Verlust und Trauer, München – Basel 2017.

Becker, Antoinette/Niggermeyer, Eduard: Ich will etwas vom Tod wissen, Ravensburg 1983.

Benecke, Cord: Klinische Psychologie und Psychotherapie. Ein integratives Lehrbuch, Stuttgart 2014.

Beutel, Manfred E.: Der frühe Verlust eines Kindes. Bewältigung und Hilfe bei Fehl-Totgeburt und plötzlichem Kindstod, 2. Aufl., Göttingen u. a. 2002.

Böhle, Solveig: Damit die Trauer Worte findet. Gespräche mit Zurückbleibenden nach einem Suizid, München 1996.

Bowlby, John: Verlust, Trauer und Depression, Frankfurt a. M. 1994; München 2006.

Bräutigam, Walter: Reaktionen – Neurosen – Abnorme Persönlichkeiten. Seelische Krankheiten im Grundriss, 6. Aufl., Stuttgart – New York 1994.

Bronisch, Thomas: Der Suizid, 5. Aufl., München 2007; 6. Aufl., München 2014.

Burisch, Mathias: Das Burnout-Syndrom, Berlin – Heidelberg 1994.

Caruso, Igor A.: Die Trennung der Liebenden. Eine Phänomenologie des Todes (1950), Frankfurt a. M. 1983.

Cook, Bridget/Philips, Shelagh G.: Verlust und Trauer. Bedeutung, Umgang, Bewältigung, Berlin u. a. 1995.

Die deutschen Bischöfe: Unsere Sorge um die Toten und die Hinterbliebenen. Bestattungskultur und Begleitung von Trauernden aus christlicher Sicht (1994), 4. Aufl., Bonn 2000.

Elsaesser, Evelyn: Spontane Kontakte mit Verstorbenen, Amerang 2021.

Elsaesser-Valarino, Evelyn: Nachtodkontakte, in: Alois Serwaty/Joachim Nicolay (Hrsg.): Begegnung mit Verstorbenen? Beiträge aus Wissenschaft und Therapie zu einem tabubesetzten Thema, Goch 2011, 61–99.

Freud, Sigmund: Briefe 1873–1939, Frankfurt a. M., 2. Aufl. 1968.

Freud, Sigmund (1913): Totem und Tabu, in: Sigmund Freud, Gesammelte Werke IX, London 1940.

Freud, Sigmund (1915): Trauer und Melancholie, in: Sigmund Freud, Gesammelte Werke X, London 1946, 427–446.

Frick, Eckhard: Psychosomatische Anthropologie, 2. Auflage, Stuttgart 2015.

Furman, Erna: Ein Kind verwaist. Untersuchungen über Elternverlust in der Kindheit, Stuttgart 1977.

Görke-Sauer, Martina: Freie Rituale: Abschied – Bestattung – Totengedenken, in: Konrad Baumgartner (Hrsg.): Trauer und Hoffnung feiern. Impulse und Modelle, Stuttgart 2005, 68–79.

Görke-Sauer, Martina: Im Land der Trauer. Trauerrituale, Düsseldorf 2006.

Grün, Anselm: Trauern heißt lieben. Unsere Beziehung über den Tod hinaus leben, Freiburg i. Br. 2014.

Hell, Daniel: Welchen Sinn macht Depression. Ein integrativer Ansatz, 8. Aufl., Reinbek bei Hamburg 2022.

Hoffmann, Sven Olaf/Hochapfel, Gerd: Neurotische Störungen und psychosomatische Medizin, 8. Aufl., Stuttgart – New – York 2009.

Holderegger, Adrian: Suizid. Leben und Tod im Widerstreit, Fribourg 2002.

Jamison, Kay Redfield: Wenn es dunkel wird. Zum Verständnis des Selbstmordes, Berlin 1999.

Jerneizig, Ralf/Langenmayr, Arnold: Klientenzentrierte Trauertherapie. Eine Pilotstudie zur Erfassung der therapeutischen Wirksamkeit, Göttingen 1992.

Jerneizig, Ralf/Langenmayr, Arnold/Schubert, Ulrich: Leitfaden zur Trauertherapie und Trauerberatung, 2. Aufl., Göttingen 1994.

Kachler, Roland: Hypnosystemische Trauerbegleitung. Ein Leitfaden für die Praxis, 2. Aufl., Heidelberg 2012.

Kast, Verena: Trauern. Phasen und Chancen des psychischen Prozesses, 20. Aufl., Stuttgart 2000.

Kelley, Patricia: Trost in der Trauer. Ein Begleitbuch, München 2001.

Klass, Dennis: Ein neues Trauermodell aus dem englischen Sprachraum, in: Wolfgang Holzschuh (Hrsg.): Geschwistertrauer. Erfahrungen und Hilfen aus verschiedenen Praxisfeldern, Regensburg 2000, 67–80.

Klass, Dennis: Unterstützung trauernder Eltern – Selbsthilfe oder professionelle Hilfe? Zwei Wege zum gleichen Ziel, in: Franziska Röseberg/Monika Müller (Hrsg.): Handbuch Kindertrauer. Die Begleitung von Kindern, Jugendlichen und ihren Familien, Göttingen 2014, 153–160.

Köhler, Thomas: Psychische Störungen. Symptomatologie, Erklärungsansätze, Therapie, 3. Aufl., Stuttgart u. a. 2017.

Köllner, Erhard: Beratung in der sozialen Arbeit. Übungsbuch zur Klientenzentrierten Gesprächsführung, Stuttgart 1996.

Kring, Ann M./Johnson, Sheri L.: Klinische Psychologie, Weinheim 2019.

Kroen, William: Da sein, wenn Kinder trauern, Freiburg i. Br. u. a. 1998.

Lang, Undine: Resilienz. Ressourcen stärken, psychisches Wohlbefinden steigern, Stuttgart 2019.

Langenmayr, Arnold: Trauerbegleitung. Beratung – Therapie – Fortbildung, Göttingen 1999.

Langenmayr, Arnold: Einführung in die Trauerbegleitung, Göttingen 2013.

Leist Marielene: Kinder begegnen dem Tod, 4. Aufl. Gütersloh 1999.

Lieb Klaus/Frauenknecht Sabine (Hrsg.): Intensivkurs Psychiatrie und Psychotherapie, 9. Aufl., München 2019.

Martens, Jens-Uwe/Begus Brigitte M.: Das Geheimnis seelischer Kraft. Wie Sie durch Resilienz Schicksalsschläge und Krisen überwinden, 2.Aufl., Stuttgart 2018.

Noyon, Alexander/Heidenreich, Thomas: Existentielle Perspektiven in Psychotherapie und Beratung, Weinheim 2012.

Ringel, Erwin: Der Selbstmord. Abschluss einer krankhaft psychischen Entwicklung, 7. Aufl., Wien 1999.

Ringel, Erwin: Selbstmord. Appell an die anderen. München 1989.

Röseberg, Franziska/Müller, Monika (Hrsg.): Handbuch Kindertrauer. Die Begleitung von Kindern, Jugendlichen und ihren Familien, Göttingen 2014.

Schiff, Harriet, S.: Verwaiste Eltern, Stuttgart 1977.

Schmidbauer, Wolfgang: Helfersyndrom und Burnout-Gefahr, München 2002.

Schneewind, Klaus A./Weiß, Joachim: Die Konsequenzen von Elternverlust für Kinder und Jugendliche, in: Rolf Oerter/Leo Montada (Hrsg.): Entwicklungspsychologie, 4. Aufl., Weinheim 1998.

Schnelzer, Thomas: Die Liebe hört niemals auf (1. Kor. 13,8). Religionspsychologische und theologische Aspekte des Trauerprozesses, in: Lebendiges Zeugnis 57 (2002), 202–213.

Schnelzer, Thomas: Suizid, in: Eugen Biser u. a. (Hrsg.): Lexikon des christlichen Glaubens, München 2003, 459f.

Schnelzer, Thomas: Trauernde trösten. Regensburg 2005.

Schnelzer, Thomas: Licht in der Finsternis. Depressive Menschen trösten, in: Peter Scheuchenpflug (Hrsg.): Tröstende Seelsorge, Würzburg 2006, 141–167.

Schnelzer, Thomas: Tod, Angst, Religion. Zur Begründung einer therapeutischen Theologie, Hamburg 2012.

Schnelzer, Thomas: „Tod, wo ist dein Stachel?" (1. Kor 15,55). Zum psychotherapeutischen Potential der christlichen Todesdeutung, in: Erwin Möde (Hrsg.): Christliche Spiritualität und Psychotherapie. Bleibende und neue Wege der Konvergenz, Regensburg 2013, 114–134.

Schnelzer, Thomas: Der Bestatter als Trauerbegleiter, in: Lebendiges Zeugnis Heft 3, 2014, 210–215.

Schnelzer, Thomas: „Wer zu Gott geht, geht nicht weg von den Menschen". (Papst Benedikt XVI). Der Glaube an die Gemeinschaft der Heiligen im Kontext der psychoanalytischen Objektbeziehungstheorie, in: Erwin Möde (Hrsg.): Spiritualität – Introvision – Heilung, Regensburg 2015, 29–48.

Schnelzer, Thomas: „In der Welt habt ihr Angst" (Joh 16,33). Pastoralpsychologische Überlegungen zur Angstbewältigung, in: Sebastian Kießig/Marco Kühnlein (Hrsg.): Anthropologie und Spiritualität für das 21. Jahrhundert. Festschrift für Erwin Möde, Regensburg 2019, 483-510.

Schweitzer, Albert: Die Ehrfurcht vor dem Leben, München 1988.

Senf, Bianca: Die Trauer von Kindern und Jugendlichen nach dem Tod eines Elternteils, in: Röseberg/Müller: Handbuch Kindertrauer, 119–143.

Senf, Bianca/Eggert, Lisa: Entwicklungspsychologische Aspekte in der Arbeit mit trauernden Kindern und Jugendlichen, in: Röseberg/Müller: Handbuch Kindertrauer, 17-24.

Spölgen, Johannes/Eichinger, Beate: Wenn Kinder dem Tod begegnen. Fragen – Antworten aus der Erfahrung des Glaubens, München 1996.

Stroebe, Margret, Schut, Henk: The dual process model of coping with bereavement, in: Death studies 23(3), 197-224.

Student, Christoph: Den schweren Weg gemeinsam gehen. Nachwort zu Schiff: Verwaiste Eltern, 192–202.

Tausch, Reinhard: Hilfreiche Gespräche im Alltag und in der Psychotherapie, in: Heiner Keupp/Klaus Weber (Hrsg.): Psychologie. Ein Grundkurs, Reinbek bei Hamburg, 2001, 370–381.

Tausch, Reinhard: Hilfen bei Stress und Belastung, 14. Aufl., Reinbek bei Hamburg 2006.

Tölle, Rainer/Windgassen, Klaus: Psychiatrie, 16. Aufl., Heidelberg 2012.

Utsch, Michael/Bonelli, Raphael M./Pfeifer, Samuel: Psychotherapie und Spiritualität, Berlin – Heidelberg 2014.

Van der Hart, Onno: Abschiedrituale in der Psychotherapie, München 1982.

Vogel, Ralf T.: Existenzielle Themen in der Psychotherapie, 2. Aufl., Stuttgart 2020.

Vogel, Ralf T.: Todesthemen in der Psychotherapie. Ein integratives Handbuch zur Arbeit mit Sterben, Tod und Trauer, 2. Aufl., Stuttgart 2022.

Volk, Stephan A./Travers, Hein-Werner/Neubig, Herbert: Depressive Störungen, Stuttgart u. a. 1998.

Von Hildebrand, Dietrich: Über den Tod. Nachgelassene Schrift, St. Ottilien 1980.

Wagner, Birgit: Komplizierte Trauer. Grundlagen, Diagnostik und Therapie, Berlin – Heidelberg 2013.

Wagner, Birgit: Psychotherapie mit Trauernden. Grundlagen und therapeutische Praxis. Weinheim 2019.

Weber, Wilfried: Wege zum helfenden Gespräch, Gesprächspsychotherapie in der Praxis, 14. Aufl., München 2012.

Wolfersdorf, Manfred: „Über 60 Prozent aller Depressionen entstehen aus unverarbeiteter Trauer", in: Psychologie heute compact: Depression, 2009, 77.

Wöller, Wolfgang/Kruse, Johannes: Tiefenpsychologisch fundierte Psychotherapie, 3. Aufl., Stuttgart 2010.

Worden, J. William: Beratung und Therapie in Trauerfällen. Ein Handbuch, 4. Aufl., Bern 2011.

Zimbardo, Philip G./Gerrig, Richard J.: Psychologie, 18. Aufl., München 2008.

Znoj, Hansjörg: Ratgeber Trauer. Informationen für Betroffene und Angehörige, Göttingen u. a. 2005.

Znoj, Hansjörg: Trauer und Trauerbewältigung. Psychologische Konzepte im Wandel, Stuttgart 2012.